日本遺産

時をつなぐ歴史旅

文化庁初認定18ストーリー

JAPAN HERITAGE

東京法令出版

日本遺産について

文化庁日本遺産審査委員会委員長
筑波大学大学院世界遺産専攻教授
稲葉 信子

　文化庁による「日本遺産」の認定が始まった。これまで日本には、文化財保護法による国宝や特別史跡など、高い歴史的・芸術的価値に基づく文化財指定の制度があって日本文化の確実な保存に貢献してきた。日本遺産の認定は、同じ文化庁の仕事であるが、それらとは異なる新しい視点に基づいている。

　日本遺産という名称は、世界遺産を連想させる。しかし具体的な中身はこれとも大きく異なっている。それでは日本遺産とは何なのか。

　日本遺産は、祭りなど無形の文化財も含めて地域に点在している文化財の組み合わせで認定されるが、重要なのはそうした個別の文化財を連携して、語られる地域固有のものがたり、すなわちストーリーである。そしてこれに加えて、そのストーリーを質の高い文化観光・地域振興に有効に結び付けていく、具体的な計画である。

　2015年4月24日最初の日本遺産18件、そして2016年4月25日、2回目の認定19件が発表された。東京オリンピックが開催される2020年までに100件ほどの認定を目指している。認定された日本遺産でまず気がつくのはそのユニークなタイトルである。「日本一危ない」、「かかあ天下」など人目を引く言葉がタイトルに並ぶ。国宝や世界遺産では、こうはいかない。

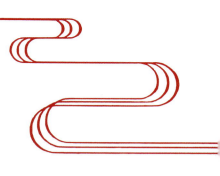

　そう、日本遺産には、他ではできない遊び心が許されている。

　ただしストーリーが重要であるからといって、みせかけだけのテーマパークの広域版だけにはなってほしくない。地域に残る本物である文化財をつないで、訪れる人がやさしく理解できて、そして「さすがだね」と思って楽しんでもらえる仕掛けが重要である。見るもの、そしてそこで聞くストーリーが本物であることが、日本遺産ブランドを今後も支えていく。

　海外からの訪問者にとっては、日本の歴史の基本を理解する旅となり、そして日本の人にとっては、ああそれも日本の歴史であったと再発見の旅となる。そんなストーリーを探している。

　日本遺産という、今までになくて、そしてこれからその完成形を目指す文化観光の仕掛けにおいて、認定時にパーフェクトであるものはない。日本遺産には、地域の資源を有効に活用する地域活性化・観光の国際的なベストモデルとなってほしいと思っている。スポーツでいうなら、いわば強化選手である。訪れる人の声も聴きながら、これからどのように育てていくか、どんな仕掛けをプロデュースするか、チャレンジは始まったところである。

目次 日本遺産 時をつなぐ歴史旅

002	巻頭言
006	日本遺産とは何か？
010	近世日本の教育遺産群－学ぶ心・礼節の本源－
016	かかあ天下－ぐんまの絹物語－
022	加賀前田家ゆかりの 町民文化が花咲くまち高岡－人、技、心－
028	灯（あか）り舞う半島 能登〜熱狂のキリコ祭り〜
034	海と都をつなぐ若狭の往来文化遺産群 〜御食国（みけつくに）若狭と鯖街道〜
042	「信長公のおもてなし」が息づく戦国城下町・岐阜
048	祈る皇女斎王のみやこ 斎宮
054	琵琶湖とその水辺景観－祈りと暮らしの水遺産
060	日本茶800年の歴史散歩
066	丹波篠山 デカンショ節 －民謡に乗せて歌い継ぐふるさとの記憶
072	日本国創成のとき〜飛鳥を翔（かけ）た女性たち〜

080	六根清浄と六感治癒の地 〜日本一危ない国宝鑑賞と世界屈指のラドン泉〜
086	津和野今昔 〜百景図を歩く〜
094	尾道水道が紡いだ中世からの箱庭的都市
100	「四国遍路」〜回遊型巡礼路と独自の巡礼文化〜
108	古代日本の「西の都」〜東アジアとの交流拠点〜
114	国境の島 壱岐・対馬・五島 〜古代からの架け橋〜
120	相良700年が生んだ保守と進取の文化 〜日本でもっとも豊かな隠れ里―人吉球磨〜

本書の読み方

本書では、すべての文化財を五つに分類し、紹介している。
それぞれのアイコンと該当文化財は以下の通り。

- **旧跡** 城跡や古墳など歴史的・学術的に価値の高い文化財。また、本書では寺社などの建造物も含む。
- **文書** 古文書や手紙、記録など紙の上に文字や図などで記されている文化財。絵図も含む。
- **文化** 古くからその土地に伝わる風俗や習俗に該当する文化財。本書では、祭事や神事も含む。
- **美術** 仏像や山車など、歴史的・芸術的に価値の高い文化財。
- **自然** 山や川など、人の手が加えられていない自然物に該当する文化財。

日本遺産とは何か?

◆ 主旨と目的

「**日本遺産（Japan Heritage）**」とは、全国各地に所在する文化財を地域振興のために活用しようという文化庁の事業である。従来、国内の文化財は個々（点）で注目されてきたが、日本遺産では点在する文化財を"ストーリー"のもとに関連付け、「点」から「面」にすることで地域をブランド化することを狙いとしている。日本遺産の認定を受けた地域では、外部からは地域の認知度が上がり、内部では地域住民の間でアイデンティティの再確認が促進される。いわば日本遺産は、地方創生の促進を目指す事業である。

また、情報発信や人材の育成や伝統文化の継承、環境整備などの取組みを効果的に進めていく一方で、海外へも戦略的に発信していき、地域の活性化を図ることを目的としている。

◆ ストーリーとは何か

日本遺産は、文化財そのものの価値ではなく、文化財を通して見えてくる歴史や風土に根ざした物語性を重視している。そのため、日本遺産として認定されるには、次の三点を踏まえた"ストーリー"が必要とされる。

❶ 歴史的経緯や地域の風習に根ざし、世代を超えて受け継がれている伝承、風習などを踏まえたものであること。

❷ ストーリーの中核には、地域の魅力として発信する明確なテーマを設定の上、建造物や遺跡・名勝地、祭りなど、地域に根ざして継承・保存がなされている文化財にまつわるものを据えること。

❸ 単に地域の歴史や文化財の価値を解説するだけのものになっていないこと。

また、各地の遺産を面としてパッケージするため、文化庁は日本遺産を二つのタイプに分類している。

〈**地域型**〉単一の市町村内でストーリーが完結しているタイプ。

〈**シリアル型**〉複数の市町村にまたがってストーリーが展開しているタイプ。

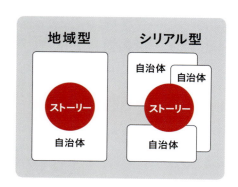

世界遺産が登録される文化財（文化遺産）の価値付けを行い、保護することを目的としているのに対し、日本遺産は文化財群を未指定も含め総合的に整備・活用することで地域活性化を図ることを目的とし、文化庁が認定したものをいう。なぜ日本遺産が造られたのか、その認定に伴う今後の展望を解説する。

◆認定基準

「日本遺産」認定の可否は、文化庁設置の外部有識者で構成される「日本遺産審査委員会」の審査結果を踏まえ、文化庁が決定する。認定されるストーリーの審査基準は、以下の三点だ。

❶ストーリーの内容が、当該地域の際だった歴史的特徴・特色を示すもので、かつ日本の魅力を伝えられること。より具体的には、「興味深さ」「斬新さ」「訴求力」「希少性」「地域性」の高いものが求められる。

❷日本遺産という資源を生かした地域づくりの将来像（ビジョン）と、実現に向けた具体的な方策が提示されていること。

❸ストーリーを国内外へ戦略的・効果的に発信できるなど、日本遺産を通じての地域活性化を推進できる体制が整えられていること。

◆認定申請の要件と認定件数

　日本遺産の認定申請は、年に1回、文化庁が都道府県を通じての公募で行われており、初年度にあたる平成27（2015）年には、18のストーリーが認定された。

　2020年に東京で開催予定のオリンピックとパラリンピックに向け、年間の訪日外国人旅行者数の増加が見込まれている。旅行者が全国を周遊し、地域を活性化させていくためにも、観光客の受け皿となる日本遺産が各地にバランスよく存在することが理想とされる。一方で、日本遺産としてのブランド力を保つには認定件数の限定も必要と考え、文化庁では、東京五輪が開催される2020年までに100件程度の認定を目指している。

　申請者は市町村と定められているが、シリアル型のうち、当該市町村が同一都道府県内にある場合は、都道府県が申請者として認められる。ストーリーを構成する文化財群は有形・無形のすべての文化財が対象とされるが、国指定・選定のものを一つ必ず含める決まりがある。

　地域型で申請する場合に限り、歴史文化基本構想もしくは歴史的風致維持向上計画を策定済みの市町村、または世界文化遺産一覧表記載案件もしくは世界文化遺産暫定一覧表記載・候補案件の構成資産を有する市町村であることが条件となっている。

初認定された日本遺産一覧 （2016年3月末現在）

❶ 近世日本の教育遺産群
　－学ぶ心・礼節の本源－ 🍃シリアル型

❷ かかあ天下－ぐんまの絹物語－ 🍃シリアル型

❸ 加賀前田家ゆかりの町民文化が花咲くまち高岡
　－人、技、心－ 🌸地域型

❹ 灯（あかり）舞う半島 能登 ～熱狂のキリコ祭り～ 🍃シリアル型

❺ 海と都をつなぐ若狭の往来文化遺産群
　～御食国（みけつくに）若狭と鯖街道～ 🍃シリアル型

❻ 「信長公のおもてなし」が息づく
　戦国城下町・岐阜 🌸地域型

❼ 祈る皇女斎王のみやこ
　斎宮 🌸地域型

⑧ 琵琶湖とその水辺景観
　―祈りと暮らしの水遺産　🌿シリアル型

⑨ 日本茶800年の歴史散歩　🌿シリアル型

⑩ 丹波篠山 デカンショ節
　―民謡に乗せて歌い継ぐふるさとの記憶　🟣地域型

⑪ 日本国創成のとき
　〜飛鳥を翔(かけ)た女性たち〜　🌿シリアル型

⑫ 六根清浄と六感治癒の地
　〜日本一危ない国宝鑑賞と
　世界屈指のラドン泉〜　🟣地域型

⑬ 津和野今昔〜百景図を歩く〜　🟣地域型

⑭ 尾道水道が紡いだ中世からの箱庭的都市　🟣地域型

⑮ 「四国遍路」
　〜回遊型巡礼路と独自の巡礼文化〜　🌿シリアル型

⑯ 古代日本の「西の都」
　〜東アジアとの交流拠点〜　🟣地域型

⑰ 国境の島 壱岐・対馬・五島
　〜古代からの架け橋〜　🌿シリアル型

⑱ 相良700年が生んだ保守と進取の文化
　〜日本でもっとも豊かな隠れ里―人吉球磨〜　🌿シリアル型

近世日本の教育遺産群
−学ぶ心・礼節の本源−

近世に広まった教育と礼儀

「一般庶民や労働者でも、その社会では驚歎すべき礼節をもって上品に育てられる（ヴァリニャーノ）」「日本人のすべての人〈中略〉は、読み書きの教育を受けている（マクドナルド）」。――これらは、安土桃山～明治期に日本を訪れた外国人が残した言葉である。

かつての日本人が高い教養を身につけられた理由の一つに、全国各地に建てられた学校の存在が挙げられる。そのうち足利学校は、イエズス会の宣教師ザビエルが「日本国中最も大にして最も有名な坂東の大学」と称した学校で、儒学をはじめ、易学・兵学・医学などを学べる日本最古の総合大学となった。足利学校の自由で開放的な学びと自学自習の精神は、近世の学校の原点といえるだろう。

藩校や私塾などの設置

　江戸時代前期〜中期には、岡山藩主の池田光政が庶民の教育も不可欠と考え、儒学者・熊沢蕃山から学んだ儒教思想に則った閑谷学校を創設した。日本最古の庶民教育学校として広く門戸を開き、他領からも多くの生徒を集めた。

　また、江戸時代後期には個人が経営する私塾が全国に誕生する。幕府の代官所が置かれた豊後日田では、廣瀬淡窓が咸宜園という私塾を創設。毎月の成績評価を公表する「月旦評」など特色ある教育が評判となり、全国から5000人を超える門下生を集めた。

　幕末の外国船との接触後には、時代を切り開く力を持つ人材の育成が必要となり、新たな学校が設立された。その一つ弘道館は、水戸藩主・徳川斉昭が設立した日本最大の藩校であり、歴史・医学・兵学・武芸など実用的な科目も備えた総合大学として、その教育方針や施設、運営方法などが他藩の藩校に大きな影響を与えた。

　近世の日本ではこうした学校教育の成果により、世界でも類をみない高い教育水準が実現し、維新後のいち早い近代化の達成につながった。また、これらの教育は、礼節を重んじる日本人の国民性をも形成したといえる。近世教育は、現代にも継承される「世界に誇る教育」だったのである。

CULTURAL PROPERTIES

構成文化財4選

絶対行きたい！感じたい！

旧弘道館

きゅうこうどうかん

江戸時代を代表する総合大学

天保12（1841）年に水戸藩第九代藩主・徳川斉昭が創設した藩校。「教育によって人心を安定させ、教育を基盤として国を興す」という精神をもとに建学された学校は、当時全国最大の敷地を誇り、文館・武館・医学館・寄宿寮・調練場・矢場などが設けられた。館内では、現在も論語教室が行われている。〈茨城県〉JR水戸駅から徒歩約8分

足利学校跡（聖廟および附属建物を含む）

あしかががっこうあと

全国から学生が集った学問の府

現存日本最古の学校の遺跡。創建は奈良時代の国学の遺制説、平安時代の小野篁（おののたかむら）説、鎌倉時代の足利義兼（よしかね）説など、諸説ある。儒学の学灯を伝える学府として全国から学徒が集い、自由で開放的な学びと自学自習の精神は、近世の学校の原点となった。〈栃木県〉JR足利駅から徒歩約10分、東武鉄道足利市駅から徒歩約15分

近世以前から、支配階層である武士に限らず、庶民にも浸透していた学びと礼節。高い水準での教育が浸透したのは、学校の普及による影響が大きい。ここではそのうち四つの藩校や私塾などを紹介する。

旧閑谷学校
きゅうしずたにがっこう

世界で初めて庶民に開かれた公立の学校

寛文10(1670)年に、岡山藩主・池田光政が建てた世界最古の庶民のための公立学校。岡山城下に設立された武士の子弟が学ぶ藩学校とは別に、当初から庶民の学問所として造られた。国宝に指定された講堂をはじめ聖廟や閑谷神社などの多くの建造物は、江戸当時の形で残っている。〈岡山県〉 JR吉永駅から路線バスで約12分

咸宜園跡
かんぎえんあと

近世日本における最大規模の私塾跡

江戸時代の儒学者・廣瀬淡窓(ひろせたんそう)が創設した近世日本最大の私塾跡。「咸宜」は、「ことごとくよろしい」という意味で、名称に門下生一人ひとりの意思と個性を尊重しようという教育理念が込められている。昭和7(1932)年に国の史跡となり、居宅や書斎が保存・公開されている。〈大分県〉 JR日田駅から徒歩約10分

構成文化財 CULTURAL PROPERTIES

もっと行きたい！感じたい！

常磐公園（偕楽園）

偕楽園とも呼ばれる公園は、弘道館と一対の教育施設として造られた。偕楽園と桜山、丸山を含む総面積は、およそ14万平方メートル。園内には、学問興隆の象徴として梅が植樹され、当代随一の梅林として名声を誇った。

（ときわこうえん（かいらくえん））

熊沢蕃山宅跡

江戸時代の儒学者である熊沢蕃山が隠棲した邸宅跡。岡山藩主である池田光政は、閑谷学校創立のきっかけとなる儒教思想を、儒学者熊沢蕃山から学んだと伝わる。

（くまざわばんざんたくあと）

豆田町

江戸時代、日田に九州地方の幕府領を統括する代官所が置かれた。豆田町はその膝下の陣屋町として発展。咸宜園を開いた廣瀬淡窓は町に出て出張講義を行うなど、塾と共生した町だった。

（まめだまち）

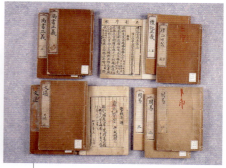

国宝漢籍
『礼記正義』『尚書正義』『文選』『周易注疏』

足利学校は、創建以来、漢籍を中心とした貴重な書籍の宝庫であった。近世期も全国から学者や著名人が訪れ、蔵書の閲覧や研究が行われていた。

（こくほうかんせき『らいきせいぎ』『しょうしょせいぎ』『もんぜん』『しゅうえきちゅうそ』）

旧跡	旧水戸彰考館跡（きゅうみとしょうこうかんあと）	徳川光圀により開設された「大日本史」の編纂局。光圀に招かれた明の儒学者朱舜水は、水戸藩の修史事業に大きな影響を与えた。
	日新塾跡（にっしんじゅくあと）	弘道館と同時期に水戸城下町郊外で運営された私塾。水戸藩士を含む多彩な門人を輩出した。多様な教育科目を備え、医学も盛んであった。
	井田跡（せいでんあと）	池田光政が、津田永忠に命じて造らせた地割り機構。古代中国・周の時代の土地制度とされる「井田制」を再現した。一部は学田となり、閑谷学校の経営を支えた。
	長福寺本堂（ちょうふくじほんどう）	淡窓が最初に学寮を開いた場所で、当時塾となった寺院の本堂が現存する。当時、出身僧侶が京都の高倉学寮の講師になるなど、日田における学問の中心地であった。
	桂林園跡（けいりんえんあと）	咸宜園の前身である私塾跡。それまで借家して講義を行っていた淡窓が、初めて構えた塾舎である。塾生を励ます漢詩として全国的に著名な「休道の詩」（桂林荘雑詠示諸生）が詠まれた。
文書	『大日本史』（だいにほんし）	水戸徳川家・二代藩主徳川光圀によって編纂作業が開始され、以来、水戸藩の事業として継続し、明治時代に完成した歴史書。
	『備前国和気郡井田村延原家文書』（びぜんのくにわけぐんいたむらのぶはらけもんじょ）	検地帳や教科書などからなる文書。検地帳からは当時の学校領の様子が、入学願書や学習に用いた古典籍からは江戸時代の子どもたちが学校に通う様子が読み取れる。
	咸宜園関係歴史資料（かんぎえんかんけいれきししりょう）	私塾咸宜園の『入門簿』や『会計録』の他、和漢籍など、当時の塾の実態を明らかにする資料が残っている。
文化	釋奠（せきてん）	釋奠とは、「供え物を置き、並べる」という意味で、現在は孔子を祀ることをいうようになった。足利学校の釋奠は冬至の日に行われていたが、現在は毎年11月23日に、聖廟にて営まれている。
	釈菜（せきさい）	江戸時代の学校には、儒学の祖・孔子を祀る建物が造られることが多かった。そこでは孔子の徳を称える釈菜の儀式が行われた。閑谷学校では、貞享3（1686）年以来、現在も行われている。

日本遺産DATA

「近世日本の教育遺産群 —学ぶ心・礼節の本源—」

◆ 分類　シリアル型

◆ 自治体
水戸市（茨城県）、足利市（栃木県）
備前市（岡山県）、日田市（大分県）

◆ 問い合わせ先
水戸市教育委員会事務局
教育部歴史文化財課世界遺産推進室
☏ 029-306-8132　📠 029-306-8693
✉ isan@city.mito.lg.jp
茨城県水戸市笠原町978-5

かかあ天下
－ぐんまの絹物語－

シリアル型
Serial type

働き手の中心となった女たち

　上州の農家には、大切にしまわれた絹の着物が眠っている家がある。代々の女たちが蚕を育て、糸をひき、布に織り、着物に仕立てた、晴れ着や婚礼衣装だ。上州の女たち（かかあ）は、古くから養蚕・製糸・織物の力で家計を支えてきた。男たち（夫）は、そんな働き者の女たちを「おれのかかあは天下一」と自慢し、「かかあ天下」は上州名物の一つとなったのである。

　絹は、蚕が作る繭から作られる。「お蚕さま」と呼ばれ、家の中で大切に育てられる蚕の世話は女たちの仕事で、成長期ともなると、寝る間を惜しんで桑の葉を食べさせた。蚕の世話の他にも農作業や食事作りと女たちは農家の働き手であった。

　明治を迎えると、外貨獲得の切り札となる絹の需要が高まり、県内の絹産業はますます盛んになった。明治の文豪・徳富蘆花は当時の群馬県を見て「機の音、製糸の煙、桑の海」と詠んでいる。この時代の流れに乗って、上州の女たちは益々活躍の場を広げることとなった。

農家の財布の紐は「かかあ」が握る

　現在、世界遺産に登録されている「富岡製糸場」が創業したのは、1872年。製糸工女として全国から少女が集まり、大量の繭が富岡に集められた。

　その頃、片品村の養蚕農家の永井いとは、夫とともに増産のための養蚕技術の改良を試み、夫亡き後は永井流養蚕法の伝習所を設立。自ら教壇に立ち、講義の中で「農家の財布の紐はかかあ

が握るべし」と説いたという。

　養蚕農家の女たちは、繭から糸を繰り出す技術（座繰り繰糸）を磨き、組合製糸という形で生糸を共同販売した。組合製糸を代表する甘楽社にある碑には、「邑ニ養蚕セザルノ家ナク製絲セザルノ婦ナシ（村で養蚕をしていない家はなく、製糸をしていない女はいない）」とある。

　日本製の生糸が世界を席巻するなかで、絹織物もまた発展した。桐生は江戸時代から西陣と並ぶ高級絹織物の産地であったが、明治以降絹織物工場が次々と建てられ、隆盛を極めた。この桐生を支えたのも、織手であった女たちである。

　ここ上州には、現在も絹織物の技術や文化が受け継がれている。女性たちが家族のため作った着物が、大切に保存され、織物の街では今も熟練の女性職人が伝統技術を引き継ぐ。その歴史をたどれば、日本独特の繊細なモノづくり文化とともに、誇りをもって家を支えた女たちの姿が見えてくるだろう。

『蚕養草（かいこやしないぐさ）』桜斉房種画。江戸時代中期に打ち出された養蚕奨励策により、上州は養蚕王国に発展。それを支えたのが、「かかあ」たちであった。（群馬県立図書館蔵）

CULTURAL PROPERTIES

構成文化財 5選

絶対行きたい！感じたい！

江戸時代に盛んになり、明治以後は日本の近代化を下支えする産業であった養蚕・製糸・織物業は、上州の女性たちによって担われていた。その働きぶりから「かかあ天下」といわれた彼女たちの功績が偲ばれる五つの遺産群をここで紹介する。

中之条町六合赤岩伝統的建造物群保存地区

なかのじょうまちくにあかいわでんとうてきけんぞうぶつぐんほぞんちく

山間に栄えた養蚕農家集落の景観

白砂川の河岸段丘上に形成され、明治の後半から昭和40（1965）年頃にかけて養蚕が盛んに行われた集落。養蚕や織物で生計を支えた女性たちが、集落を発展させた。通り沿いに建てられた養蚕農家の家々が幕末から明治時代の景観を今に伝える。●JR長野原草津口駅から路線バスで約12分

旧小幡組製糸レンガ造り倉庫

きゅうおばたぐみせいしれんがづくりそうこ

農家女性の生糸を共同販売した会社の倉庫

甘楽社小幡組の繭や生糸を保管するために、大正15（1926）年に建設された2階建てレンガ造りの倉庫。養蚕農家の女性たちは生糸生産でも活躍した。甘楽社は彼女たちが作った生糸の品質を揃え、共同販売した。現在は甘楽町歴史民俗資料館となっている。●上信電鉄上州福島駅から車で約5分

桐生市桐生新町伝統的建造物群保存地区

きりゅうしきりゅうしんまちでんとうてきけんぞうぶつぐんほぞんちく

織物業を支えた女工の暮らしを偲ぶ歴史的町並み

天満宮を起点として天正19(1591)年に形成された桐生新町。織物業の中心地として発展し、最盛期を迎えた明治から昭和にかけての町並みを今に残す。当時、呉服商や買継商、糸商、染物商などの店が立ち並んでいた町には、現在でも商家の蔵や町屋、ノコギリ屋根工場、寄宿舎、銭湯などが残る。

🐾JR桐生駅から徒歩約15分

織物参考館"紫"

おりものさんこうかん"ゆかり"

過去の技術を未来に伝える体験型博物館

高級織物である御召の技術を今に伝える森秀織物株式会社の旧釜場、旧整経場、旧鋸屋根工場などを利用した体験型織物博物館。館内には古器具、古織機が公開され、技術の足跡を物語る1200点余りの貴重な資料が展示されている。また女性従業員による説明や実演なども行われている。🐾JR桐生駅から徒歩約15分

桐生織物会館旧館

きりゅうおりものかいかんきゅうかん

多くの事務員が働いていた旧オフィスビル

昭和9(1934)年の建造で、桐生織物向上のため設立された桐生織物同業組合の事務所ビル。スクラッチタイル壁と青緑色の日本洋瓦葺屋根が特徴的だ。かつてはここで女子職員が電話交換手やタイプライター事務員などを務めていた。現在は織物記念館として資料展示や桐生織の販売が行われている。

🐾JR桐生駅から徒歩約10分

構成文化財 CULTURAL PROPERTIES

もっと行きたい！感じたい！

富沢家住宅
とみざわけじゅうたく

江戸後期の大型養蚕農家で、名主を代々務めた富沢家の住宅。2階に専用蚕室を持つ農家としては国内最古級。富沢家は、前を通る脇往還の三国街道の運送や金融業を営む一方、女性たちはここで養蚕業を行っていた。

永井流養蚕伝習所実習棟
ながいりゅうようさんでんしゅうじょじっしゅうとう

永井流養蚕法を確立した永井紺周郎の妻・いとが、亡き夫の意思を継いで設立した永井流養蚕法の伝習所。通常の人家とは違い、開口部が東西南北に設けられた学習・実習のための建物だった。ここで1500名もの人々がいとから技術を学んだといわれている。

甘楽町の養蚕・製糸・織物資料
かんらまちのようさん・せいし・おりものしりょう

大正末期の甘楽町は約7割が養蚕農家であり、養蚕が盛んな地域だった。使用された養蚕・製糸・織物に関する道具や資料333点は、歴史民俗資料館（旧小幡組製糸レンガ造り倉庫）の1階に常設展示されている。

白瀧神社
しらたきじんじゃ

都から桐生に絹織物の技術を伝えたとされる白瀧姫を祀る神社。その境内には、耳をあてると機音が聞こえたという伝説の「降臨石」と呼ばれる大岩がある。織物の祖として絹商人や機織女の信仰を集めた。

甘楽社小幡組由来碑
かんらしゃおばたぐみゆらいひ

明治11(1878)年、小幡精糸会社として甘楽社小幡組はスタートした。由来碑は、大正6(1917)年に甘楽社小幡組の隆盛に至る由来を記念する為に立てられたものである。碑には「邑ニ養蚕セザルノ家ナク製絲セザルノ婦ナシ」と、女性たちの活躍が刻まれている。

旧模範工場桐生撚糸合資会社事務所棟
きゅうもはんこうじょうきりゅうねんしごうしがいしゃじむしょとう

明治から戦前まで稼動した大規模工場・桐生撚糸合資会社(大正7年に日本絹撚株式会社と改称)の敷地に、大正6(1917)年に建てられた事務所棟。かつては模範工場内に学校が設置され、女工に技術と教育を施していた。

後藤織物
ごとうおりもの

近代の桐生織物改良に大きな貢献を果たした工場。明治3(1870)年に機業を始めた初代後藤定吉は、絹綿交織の楊柳縮緬を考案し、洋式染色技術の導入などを図り、技術を進歩させた。現在も帯地などの織物生産を行っており、熟練女性従業員が従事する。

日本遺産DATA

「かかあ天下 —ぐんまの絹物語—」

◆ 分類　シリアル型

◆ 自治体
群馬県(桐生市、甘楽町、中之条町、片品村)

◆ 問い合わせ先
群馬県企画部世界遺産課
☎ 027-226-2328　📠 027-224-2812
✉ sekaiisan@pref.gunma.lg.jp
〒 371-8570 群馬県前橋市大手町1-1-1

おすすめモデルコース

■ 桐生まち歩き(桐生市)
JR桐生駅南口 ▶ (0.4km) ▶ 旧模範工場桐生撚糸合資会社事務所棟(絹撚記念館) ▶ (1.4km) ▶ 織物参考館"紫" ▶ (0.1km) ▶ 後藤織物 ▶ (1.5km) ▶ 桐生新町伝統的建造物群保存地区 ▶ (1.5km) ▶ 桐生織物会館旧館(桐生織物記念館) ▶ (0.6km) ▶ JR桐生駅北口

■ 甘楽町の日本遺産と世界遺産富岡製糸場
旧小幡組製糸レンガ造り倉庫、甘楽町の養蚕・製糸・織物資料 ▶ (約5km、車10分) ▶ 富岡製糸場

■ 日本遺産と温泉
・六合赤岩伝統的建造物群保存地区(中之条町) ▶ (約13km、車30分) ▶ 草津温泉
・富沢家住宅(中之条町) ▶ (約17km、車40分) ▶ 四万温泉
・永井流養蚕伝習所実習棟(片品村) ▶ (約15km、車35分) ▶ 老神温泉
・桐生新町伝統的建造物群保存地区等(桐生市) ▶ (約10km、車25分) ▶ やぶ塚温泉
・旧小幡組製糸レンガ造り倉庫等(甘楽町) ▶ (約14km、車35分) ▶ 磯部温泉

加賀前田家ゆかりの町民文化が花咲くまち高岡
－人、技、心－

地域型 Local type

二代目加賀当主が築いた城と城下町

　高岡は、北陸を代表する穀倉地帯を背後に控え、北は富山湾に面し、立山連峰の大パノラマを見ることができる、豊かな自然に恵まれた環境を有す土地である。

　そんな高岡の基盤は、近世初期に形成された。加賀藩二代当主前田利長が、要害・要衝としての地の利を活かし、慶長14（1609）年に高岡城を築城したことに始まる。

　当初一帯は荒れ地だったが、驚異的な早さで建設工事を進め、工事開始からわずか半年で入城するに至った。そして城下町には、資材の集積と調達を行うための拠点（木町）や、砺波郡の西部金屋から招いた鋳物師が鋳物づくりを行う鋳物師町（金屋町）を設け、繁栄を図ったのである。

　しかし、利長は在城わずか5年で他界。家臣団は金沢に引き揚げ、また一国一城令により高岡城が廃城となってしまう。城がなければ、城下町は存在の意義を失う。さらに高岡は政治都市として日が浅く、町の存続が危ぶまれた。

　そこで建て直しを図ったのが、三代

当主前田利常である。高岡町民の他所転出を禁じ、布御印押人を置くことで高岡を麻布の集散地とした。さらに、御荷物宿や魚問屋、塩問屋を創設するなどして商業都市への転換策を講じていった。

　一方、廃城とされた高岡城は、平和的利用として米塩の藩蔵を建てることを名義に幕府からの干渉を防ぎ、城の郭や堀を完全な形で残した。現在見られる城跡は、当時そのものである。

職人力・商人力で発展

　利常没後の加賀藩は、その遺志を継いで商工業都市として発展していく。領内の鋳物業界を支配し、鍋・釜などの生活用具に始まり、農具などの鉄器具類や銅器の鋳造を開始。18世紀後半には香炉や花瓶、火鉢、仏具等の文化的で装飾性の高い製品を製造した。このように銅器製造が盛んになるにつれ、製品を売りさばく商人や問屋も次第に力をつけ、日本国内だけでなく海外貿易にも乗り出していった。

　とくに伏木港は加賀藩全体の物資の集散地として機能し、港町は廻船問屋が軒を連ね、藩の経済の一翼を担う富をもたらすまでに成長した。こうした町民自身が地域に富を還元し、町の発展に貢献するスタイルは、近代以降も継承された。競い合いながら発展を続ける町民の気質は、今もそのDNAとしてこの町に住む人々に脈々と受け継がれている。

CULTURAL PROPERTIES

構成文化財 5選

絶対行きたい！感じたい！

高岡という地は、商工業で発展し、町民文化が花開いた都市だ。江戸時代に高岡城が廃城となり、繁栄の勢いを失うかに見えたが、加賀藩が喝を入れ、鋳物や漆工など商工の町として隆盛を極めた。ここでは現在も残る代表的な町民文化の文化財を五つ紹介する。

瑞龍寺
ずいりゅうじ

前田利長の菩提を弔うために建立された寺

高岡開町の祖である前田利長の菩提（ぼだい）を弔うために建てられた曹洞宗の寺院。禅宗建築の伽藍配置は、豪壮にして典雅で、造営に約20年の歳月が費やされたと伝わる。山門や仏殿、法堂が国宝に指定されている。建立者である前田家三代当主利常の利長に対する恩義が現された寺院。🚶JR新高岡駅から徒歩約15分

高岡城跡
たかおかじょうあと

近世初頭の設計を現在に残す城跡

前田利長が築いた高岡城の跡地。一国一城令の発布によって廃城となった後、本丸の殿閣撤去跡に米塩の倉庫を建て、番人を置くなどすることで荒廃を防いだと伝わる。二の丸や三の丸などの馬出曲輪（うまだしくるわ）が築城当時のまま残されるほか、水堀がほぼ完全な形で保存されている。🚶高岡駅から徒歩約15分

高岡御車山祭の御車山行事

たかおかみくるやままつりのみくるやまぎょうじ

町民が主体となって楽しんだ伝統的な祭礼

前田利長を祀る高岡關野(せきの)神社の春季例大祭で、高岡の旧市街中心部を御車山が奉曳(ほうえい)巡行される。祭りを盛大に行うのは加賀藩の政策であった。これは百姓や町民に、神への感謝の気持ちを持たせるとともに、普段の倹約から解放し、不満を緩和させる意味もあった。町民が地域経済を動かしていたことが分かる行事である。🚩高岡駅から徒歩約15分

勝興寺

しょうこうじ

乱世の時代に一揆の拠点となった古刹

本願寺八世である蓮如(れんにょ)が越中における布教の拠点として開いた土山御坊(とやまごぼう)をもととし、寺号申請において相続された寺。戦国時代は一向一揆の拠点寺として機能した。近世には本願寺や加賀前田家などと関係を深め、伏木が舟運業で賑わう中、寺内町は核となり存在を示してきた。

🚩JR伏木駅から徒歩約10分

金屋町重要伝統的建造物群保存地区

かなやまちじゅうようでんとうてきけんぞうぶつぐんほぞんちく

高岡の鋳物づくりにおける発祥地

高岡開町に際し、前田利長が産業振興のために鋳物師を招き、鋳物づくりを行わせた鋳物師町。これを機に装飾品や美術工芸品として銅鋳物が作られるようになると、人々の多様なニーズに応え、一大生産地としておおいに発展した。現在も商工の町を思わせる千本格子と石畳の美しい景観が残っている。

🚩高岡駅から徒歩約20分

構成文化財 CULTURAL PROPERTIES

もっと行きたい！感じたい！

前田利長墓所
まえだとしながぼしょ

前田利長の墓。約1万坪という個人墓所としては破格の規模を誇る。前田利常によって造営されたもので、墓所と瑞龍寺のあいだには八丁道という道が整備された。これらはともに、前田利長を偲ぶ意図が込められている。

五福町神明社本殿
ごふくまちしんめいしゃほんでん

慶安5(1652)年、前田利常が前田利長墓所に建てた繁久寺鎮守堂の遺構。本来は大手町神明社と同一棟の建物で、瑞龍寺と並行して造立されたが、明治初年に現在の地に移築された。市内最古の建物の一つとされる。

大手町神明社拝殿
おおてまちしんめいしゃはいでん

五福町神明社本殿と同じく、慶安5(1652)年に前田利長の墓所に建てられた拝殿。明治新政府の樹立にともなう廃仏毀釈と神仏分離の流れを受け、鎮守堂から分割。現在の地に移築された。

山町筋重要伝統的建造物群保存地区
やまちょうすじじゅうようでんとうてきけんぞうぶつぐんほぞんちく

土蔵造りの伝統的建造物が立ち並ぶ地区。近世初頭に米商会所が置かれたほか、綿市場の拠点ともなり、高岡の経済的な発展に寄与した。高岡御車山を所有・継承していることから「山町」と呼ばれる。

伏木港（伏木浦）
ふしきこう（ふしきうら）

北前船（バイ船）の中継地として、古く万葉の時代から機能してきた港。近世・近代に至るまで盛んに交易が行われており、日本海沿岸の総合拠点港といえる港湾施設である。

銅造阿弥陀如来坐像
どうぞうあみだにょらいざぞう

高岡大仏の名で市民に親しまれる銅製大仏で、地元の銅器製造技術の結晶ともいえる。源平時代の木造大仏がもととなっており、荒廃・焼失などの危機にあいながら再建を繰り返した。高岡の象徴的存在。

御印祭
ごいんさい

有礒正八幡宮の神事。開町の祖・前田利長に報恩感謝の誠を捧げ、その遺徳を偲ぶための祭りで、前夜祭では「弥栄節」と呼ばれる鋳物師の作業歌に合わせた踊りが披露される。総勢1000名による町流しは圧巻。

戸出御旅屋の門
といでおたやのもん

前田利常が建てた休息所・御旅屋の一部。主屋と3棟の土蔵棟で構成されていたと伝わる。明治時代に建物が倒壊したため、門だけが残った。江戸時代初期の御旅屋の面影を残す史跡として貴重である。

分類	名称	説明
旧跡	与四兵衛顕彰碑（弥眞進大人命旧跡）	津幡屋与四兵衛は、近郊の町が御車山と似た山（鉾）を作った際に起きた騒動において、御車山の由緒を死守しようとした義人である。町の人から崇敬され、毎年4月3日には祭祀が行われる。
	菅野家住宅	伝統的な町家が数多く残る山町筋の建物の中でも、大規模で、かつ質が高いと評価される住宅。高岡の隆盛を物語る土蔵造り建物の代表格でもある。菅野家は高岡政財界の中心的な存在として財を築いた。
	筏井家住宅	在来の町家に見られる伝統的技法を踏襲しつつも、塗壁を用いた防火構造や洋風の構造・意匠が導入されるなど、革新的で貴重な住宅である。筏井家は綿糸などの卸商を営んでいた商家で、山町の発展に貢献した。
	有礒正八幡宮（本殿・釣殿・拝殿及び幣殿）	金屋の氏神として、石凝姥命（いしこりどめのみこと）を祀る神社。現在も鋳物師たちの信仰を集め、「鍋宮様」と呼ばれる。年に一度開催される御印祭は当社の祭礼である。祭りには、前田利長の遺徳を偲ぶとともに、鋳物業への感謝の意味も含まれている。
	旧南部鋳造所キュポラ及び煙突	かつて高岡では木製のふいごである「たたら」を踏んで溶鉄や溶銅を得ていたが、鋳物業の発展とともに新式溶鉱炉で鋳造する手法を取り入れた。こうした金屋町の近代化の歴史を示す貴重な遺構である。
	土蔵造りのまち資料館（旧室崎家住宅）	旧室崎家住宅は、土蔵造りの大規模な町家の代表例である。建造物として質が高く、また土蔵や蔵など、屋敷の旧状をよく留めている。かつては綿糸や綿布の卸商が営まれていたが、現在は資料館となっている。
	北前船資料館（旧秋元家住宅）	北前船の交易で繁栄した伏木地区にあった旧秋元家の住宅。秋元家は当初、小宿（船主や水夫等の宿泊施設）を営み、時代が下るにつれて廻船問屋として繁盛した。明治期の廻船問屋の屋敷や建物の様子を今もよく留める。
	棚田家住宅	棚田家住宅は、主屋と寄付待合、水屋、茶室、そして三棟の土蔵で構成される建物群である。伏木が北前船交易によって繁栄した事実を物語る廻船問屋の伝統的な建造物といえる。
	能松家住宅	吉久地区のほぼ中央にある旧家。吉久は、承応4（1655）年に「吉久御収納蔵」と呼ばれる米蔵が建てられたのを機に発展した村である。能松家は江戸時代以来、米商を営み、財を成した。
	有藤家住宅	有藤家住宅は吉久の西側に位置し、建設当初の形式をよく保持する町家である。有家家は明治期、石灰俵編みと農業を生業としていた豪農である。
文書	前田利長公御親書	高岡城築城と城下町の建設に先立ち、資材となる木材集散地となった木町の成立において、利長の厚い保護があったことを示す史料。木町は高岡の玄関口として重要な役割を果たした。
	仁安の御綸旨	鋳物師に対しての御綸旨。全国に鍋・釜・鍬・鋤を販売することを命じるもので、諸役を免除し、全国通行の自由を保証した。鋳物師は御綸旨を生かし鋳物業に従事したことが窺える。
	前田利長書状	前田利長が高岡へ居城を移す際、側近に命じた事項が記された史料。金屋町の発祥や、町割りが武家地の屋敷割と同じ頃に行われていることを示しており、城下における金屋町の位置付けの高さがわかる。
	明和八年製高岡町図	現存する最古級の高岡の町図。明和年間の高岡町の街区や用水の状況、高岡城跡などが記されている。所在地とともに米納地子地が記載されており、当時の農業生産力を知ることができる。
文化	高岡鋳物の製作用具及び製品	金屋町を中心とし、江戸時代から行われてきた鋳物製作用の用具類とその製品。高岡の鋳物製作技法の変遷を伝える多様な用具は、鋳物生産の実態を示す貴重な史料といえる。
	梵鐘龍頭木型	梵鐘を鐘楼の梁に吊るすため、上蓋にしつらえた環状部で、龍の形状をしている。戸出西部金屋に代々伝わるもので、戸出西部金屋に鋳物業が盛行したことを証明する資料である。
美術	高岡御車山	戦国時代、豊臣秀吉が後陽成天皇と正親町上皇を聚楽第に迎える際に用いた御所車に鉾を立てたもの。高岡金工漆工の粋を集めた総合的な作品として高い美術工芸的価値を有する。江戸時代以来、高岡御車山は7基の山車で構成される。

日本遺産 DATA

「加賀前田家ゆかりの町民文化が花咲くまち高岡 －人、技、心－」

◆ 分類　地域型

◆ 自治体
　高岡市（富山県）

◆ 問い合わせ先
　高岡市教育委員会文化財課
　☎ 0766-20-1453　📠 0766-20-1667
　✉ bunkazai@city.takaoka.lg.jp
　〒 933-8601 富山県高岡市広小路7-50

灯り舞う半島 能登
～熱狂のキリコ祭り～

シリアル型 Serial type

民俗行事がひしめく地

　日本列島のほぼ中央部に位置する石川県の能登半島。日本海に突き出たこの半島は、主要交通路が「海の道」だった時代から「日本海文化」の交流拠点としての役割を担ってきた。そして大陸からもたらされた文化や技術は、地理的閉鎖性によって育くまれてきた習俗と融合し、祭礼を始めとする貴重な民俗行事として継承された。能登には人口約20万人の中で、およそ80の指定無形民俗文化財が存在し、民俗行事がひしめき合うことから「民俗の宝庫」「祭りの宝庫」とも呼ばれる。

　能登の祭礼の白眉が、「キリコ祭り」と総称される灯籠神事である。キリコとは、切子灯籠という直方体の形に担ぎ棒が組み付けられた山車の名を略したものである。能登の人々の生活に溶け込んだ祭りの歴史は、少なくとも江戸時代にさかのぼり、今なお盛んに行われている。

　キリコ祭りは、七尾市・輪島市・珠洲市・志賀町・穴水町・能登町の3市3町計約200の地区で3か月にわたって行われる。夜になると、灯りがともったキリコに大書の墨字や武者絵が浮かび上がり、幻想的な空間を醸し出す。それ

はまるで夏の間、キリコが能登全体を照らし出しているかのようだ。漆や彫刻など意匠を凝らしたキリコが、神輿のお供に練り回るさまは、祭礼絵巻さながらである。

　一つ一つの祭りに個性があり、キリコの数や形状、祭礼の進行などそれぞれに個性があり、また特徴がある。そのため、キリコ祭りの大要を掴むためにいくつもの祭りを巡るのも一興である。

住民の生活に浸透する祭り

　ところでキリコ祭りは、キリコを担ぐ一部の住民だけではなく、集落の住民皆が祭礼を楽しんでいることに特徴がある。集落の家々では祭りの当日、玄関や道沿いの窓を開け放ち、親類や知人を招待してご馳走を振る舞う「ヨバレ」の慣行が見られる。集落全体が熱気を帯びるこの期間は、正月や盆に帰省しない若者も必ず帰ってくるというくらい人々にとって大切なものなのだ。

　約200ものキリコ祭りが今なお受け継がれているのは、半島という地理的閉鎖性だけでは説明できない。「能登はやさしや土までも」……土まで優しいという能登の人々の「こころ」が、神事・祭礼に対する熱心さとなって深く関わっているのではなかろうか。灯籠神事の集積ぶりは全国に類を見ない地・能登。能登を旅すれば、キリコ祭りに巡り会えると言っても過言ではない。そしてそれは、キリコが供奉する神々に巡り会う旅でもある。

CULTURAL PROPERTIES

構成文化財 6選

絶対行きたい！感じたい！

石崎奉燈祭
いっさきほうとうまつり

最大級のキリコが乱舞

8月初旬に行われる石崎八幡神社の例祭で、重さ2トン、高さ15メートルの能登最大級のキリコが7基担ぎ出される。ねじり鉢巻に地下足袋の男たちが、1基を約100人がかりで持ち上げ、威勢のよい掛け声とともに町内を練り歩く。クライマックスに堂前広場で行われる豪快な乱舞競演が見所。🐾JR和倉温泉駅から徒歩約10分

輪島大祭
わじまたいさい

輪島の四町で見られる水と炎の神事

輪島市の奥津比咩（おきつひめ）神社、重蔵（じゅうぞう）神社、住吉神社、輪島前神社の四社が8月下旬に催す例祭。奥津比咩神社大祭のクライマックスでは入水神事が行われ、ほかの三社では、燃える大松明を若衆が倒し、炎の中から御幣を奪い合う迫力満点の松明神事を見ることができる。🐾のと里山海道能登空港ICから車で約30分

宝立七夕キリコ祭り
ほうりゅうたなばたきりこまつり

波面にうつる巨大キリコの海中乱舞

8月7日、旧暦の七夕に催される祭り。約100人の人々によって担がれた高さ約14メートルの巨大キリコ6基が沖の松明を目指して海上乱舞する。上空に打ち上げられた花火と海面に揺れるキリコの明かりが相まって幻想的な光景が広がる。🐾のと里山海道能登空港ICから車で約45分

江戸時代以来、能登半島において連綿と受け継がれてきた伝統行事・キリコ祭り。夏の夜に浮かび上がる豪華絢爛なキリコの灯りは、能登の海と相まって幻想的な情景をつくり出す。ここでは今なお継承されている、激しくも美しい代表的な六つのキリコ祭りを紹介する。

西海祭り
さいかいまつり

女性中心のキリコ祭り

8月14日に行われる志賀町西海（さいかい）神社と松ヶ下神社のキリコ祭り。漁師、船乗りが多かった地区であるため、大漁祈願、航海の安全祈願の祭りとなっている。漁のため男手が少なかったことにより、女性が担ぎ手として参加する、女性中心のキリコ祭りである。

🦶のと里山海道西山ICから車で約40分

沖波の大漁祭り
おきなみのたいりょうまつり

白昼の海で繰り広げられる乱舞

沖波諏訪（おきなみすわ）神社のご神体が漂着神であることから、5基のキリコが海中に入って禊（みそぎ）を行い、海の安全と大漁を祈願する祭り。8月14日の夜遅くまで町を練り歩いたキリコは、翌朝に立戸（たっと）の浜から海へ担ぎ込まれ、勇壮に暴れまわる。🦶穴水町市街地より車で約30分

あばれ祭り
あばれまつり

あばれ神輿が街中を大暴れ

7月上旬に2日間かけて催される能登町宇出津（うしつ）八坂神社の例祭。1日目には大小合わせて約40基のキリコを担いだ町衆が、メイン会場の大松明の火の粉を浴びながら周りを練り歩く。2日目には2基の神輿を海や川、火の中に投げ込み、地面に叩きつけて暴れまわる。🦶のと里山海道能登空港ICから車で約30分

もっと行きたい！感じたい！ 構成文化財 CULTURAL PROPERTIES

能登島向田の火祭 — のとじまこうだのひまつり

高さ30メートルの大松明の周囲をキリコが巡る祭り。大松明には手松明を投げ付けて点火し、燃え尽きて倒れた方向によって豊漁・豊作を占う。石川県無形民俗文化財。

六保納涼祭 — ろっぽのうりょうさい

「六保のおすずみ祭り」ともいわれる日吉神社の例祭。大小約10基のキリコが巡行し、太鼓などに合わせて乱舞する。

名舟大祭 — なふねたいさい

神輿が海上渡御を行い、海辺では輪島市名舟町伝統の御陣乗太鼓の奉納打ちが披露される。

中島屋の大切籠 — なかじまやのおおきりこ

輪島の豪商「中島屋」によって嘉永6(1853)年に製作された大キリコ。輪島塗の伝統技法や金箔を施した精巧な装飾が、見るものを釘付けにする。

寺家キリコ祭り — じけきりこまつり

9月中旬に開かれる須須神社の秋祭り。総漆塗りで金箔と彫物で装飾された、高さ16.5メートル、重さ4トン、約12畳分の屋根を持つ最大のキリコが4基出る。

冨木八朔祭礼 — とぎはっさくさいれい

男女の神々を引き合わせるため、住吉神社の女神の元へ、八幡神社の男神を神輿で運ぶ祭り。約30基のキリコが行列のお供をし、翌日11基の神輿が増穂浦を進む。

柳田大祭 — やなぎだたいさい

地域の氏神が統合され、祭礼が活発化したことから生まれたと伝わる祭り。キリコ祭りの発祥という伝承がある。大松明の周りを大キリコが練り歩き、松明の御幣を奪い合う。

にわか祭 — にわかまつり

武者絵が描かれた高さ7メートルの「にわか」と呼ばれる9基のキリコが街中を練りまわる祭り。

おすすめモデルコース（1泊2日の旅）

■ 1日目　金沢駅 ▶ 輪島キリコ会館見学 ▶ 輪島工房長屋見学 ▶ 昼食（能登丼）〜 輪島発（路線バス利用）▶ 穴水駅（のと鉄道乗車）▶ 和倉温泉駅 ▶ 夕食 ▶ 石崎奉燈祭見学

■ 2日目　和倉温泉散策 ▶ 能登島ガラス美術館（またはのとじま水族館）▶ 昼食（寿司王国七尾）▶ 七尾駅（JR七尾線）▶ 金沢駅

分類	名称	説明
文化	七尾祇園祭（ななおぎおんまつり）	最大で高さ15メートル、重さ2トンの豪壮な大キリコが100人余りの若衆たちに担がれ、七尾の市街地を疾走する。大小11基のキリコは最後にかがり火を巡る。
	恋路火祭り（こいじひまつり）	悲運を迎えた恋人同士の霊を慰めるため、大小2本のキリコが威勢よく海の中を練りまわる。そして油物と呼ばれる名物の仕掛け火が披露される。
	塩津かがり火恋祭り（しおつかがりびこいまつり）	唐島神社・日面神社の例祭。神輿に乗った海側の女神と山側の男神が、キリコとともに海上のかがり火で合流し、一晩限りの逢瀬を楽しむ。
	松波人形キリコ祭り（まつなみにんぎょうキリコまつり）	能登町松波地区の各町内から出される9基のキリコが練り歩く祭り。歴史上の一場面や、その年々に話題になった人形が飾られる。
	水無月祭り（みなづきまつり）	約5基のキリコが乱舞する。その後、海岸の大松明に火が放たれ、渚の神事が行われる。輪島市無形民俗文化財。
	新宮納涼祭（しんぐうのうりょうさい）	昔ながらに蝋燭を光源に使った「おあかし」と呼ばれるキリコが、宵闇を歩く幻想的な祭り。
	曽々木大祭（そそぎたいさい）	国の名勝・曽々木海岸で開かれる祭り。海岸に高さ5メートルから7メートルのキリコが5基集結。御陣乗太鼓が披露されたあとに町を練り歩く。
	蛸島キリコ祭り（たこじまキリコまつり）	9月10～11日に開催される珠洲市蛸島町の秋祭り。総漆塗りに金箔が使われ、見事な彫І刻が施されたキリコ総勢16基が町内を巡行する。
	能登のキリコ祭り（のとのキリコまつり）	この章にて紹介した祭りのほかにも、七尾市、輪島市、珠洲市、志賀町、穴水町、能登町の各地にキリコ祭りが継承されており、全体では約200の祭礼が存在する。
	御陣乗太鼓（ごじんじょだいこ）	名舟大祭で奉納される太鼓。天正4(1576)年、名舟村に押し寄せてきた上杉勢に対し、樹の皮の仮面と海藻の頭髪を付けた村人たちが、太鼓を打ちながら逆襲して追い返したことが由来。
	御神事太鼓（ごしんじだいこ）	輪島大祭の一つ、住吉神社の例祭で奉納される市無形民俗文化財の太鼓。
	蛸島早船狂言（たこじまはやふねきょうげん）	蛸島キリコ祭りの際、高倉彦神社境内で演じられる石川県無形民俗文化財の狂言。もとの早船行事に、近世に流行していた歌舞伎や歌曲を取り入れ、蛸島独自のものがつくられた。
旧跡	藤津比古神社（ふじつひこじんじゃ）	新宮納涼祭の神社。本殿は「三間社流造」で、かえる股、組物、幣軸など鎌倉時代に用いられた建築様式で建てられている。
自然	唐島神社社叢タブ林（からしまじんじゃしゃそうタブりん）	塩津かがり火恋祭りが開催される唐島神社の社叢。約12000平方メートルに約200種の原生植生があり、タブノキを優占種とする珍しい暖地海岸性常緑広葉樹林が見られる。
	曽々木海岸（そそぎかいがん）	曽々木大祭が行われる海岸。日本海の荒波によって形成された荒々しい断崖が続く海岸線には、板状の岩の真ん中に直径2メートルほどの穴が空いた奇岩・窓岩がある。国名勝。
	須須神社社叢（すずじんじゃしゃそう）	寺家キリコ祭りが開かれる須須神社の社叢。スダジイが多くを占める典型的な照葉樹林（暖帯系常緑広葉樹林）である。

日本遺産DATA

「灯（あか）り舞う半島 能登 ～熱狂のキリコ祭り～」

◆ 分類　シリアル型

◆ 自治体
石川県、七尾市、輪島市、珠洲市、志賀町、穴水町、能登町

◆ 問い合わせ先
石川県教育委員会事務局文化財課
☎ 076-225-1841　📠 076-225-1843
✉ bunkazai@pref.ishikawa.lg.jp
〒 920-8575　石川県金沢市鞍月 1-1

海と都をつなぐ
若狭の往来文化遺産群
～御食国若狭と鯖街道～

シリアル型
Serial type

「美物（うましもの）」の通る道

　かつて日本海にのぞむ若狭の地は、宮中の食膳を司る膳臣が治めた国であった。古代には御贄や御調塩などの「美物（うましもの）」を献じて朝廷の食を支える御食国の役割を担ってきた。

　食材運搬のために使われたのは、日本海に面した町・小浜〜京都を結ぶ若狭街道である。通称「鯖街道」と呼ばれるこの道には、日々多くの人が往来し、物資に加えて文化までが運ばれるようになり、にぎわったという。「鯖街道」の通称は、近世初頭、藩主である京極高次が整備した小浜市場の記録である『市場仲買文書』に見える「生鯖塩して担い京に行き仕る」の一文を由来とするともいう。

　中世以降の若狭街道は、軍事上でも大きな役割を果たした。戦国時代には、越前朝倉攻めの際、織田信長が豊臣秀吉や徳川家康ら武将を引き連れて街道を進軍している。いわば天下人たちにとっての出世街道でもあったのである。

　近世中期以降の若狭街道は再び主要

流通ルートとなった。小浜の仲買が送り出す物資が中継地である熊川宿で問屋たちによって取り次がれ、京都などに運ばれた。宿場町には、一日千頭もの牛馬が通り、馬借や背負が行き交ったという。人の往来に比例して街道筋には都の文化を感じさせる町並みが形成された。旧街道筋では現在も、塗り壁の商家や土蔵など多数の伝統的建造物が残るほか、神社の祭礼に繰り出す勇壮な山車、京都から伝わったてっせん踊りなど、当時のにぎわいが感じられる。

文化の往来を支えた「鯖街道」

若狭には最大の物流量を誇る若狭街道のほか、最古の鯖街道と呼ばれる道が存在した。国府が置かれた遠敷の里から、針畑峠を越えて朽木を経由し、京都鞍馬へ至る「針畑越え」と呼ばれる道のことである。峠越えの厳しい道のりでありながら、若狭と京都を結ぶ最短ルートであったため、盛んに利用された。若狭の人々はその急峻な道を前に鯖を背負い、「京は遠ても十八里（京都までは、遠いとはいってもせいぜい十八里〈72キロ〉だ）」と言って越えて行ったという。

また、若狭には鯖をはじめとする海産物を長期保存するための「へしこ」や「なれずし」などの加工技術が発達。地域の食文化として今に伝わるほか、街道沿いの集落には、王の舞や六斎念仏など都を起源とする民俗行事が継承されている。ここ若狭は、独特の歴史的景観が形成される稀有な地なのである。

CULTURAL PROPERTIES

構成文化財 5選

絶対行きたい！感じたい！

日本海の自然に恵まれ、都からも近い若狭は、古来京都や奈良と街道が開かれ、交易を通して独自の文化を形成した。ここでは社寺や伝統建築など往来の歴史を物語る五つの文化遺産を紹介する。

小浜西組（重要伝統的建造物群保存地区）
おばまにしぐみ

往年の賑わいを伝える伝統的町並み

小浜市の中心部の西側、小浜湾と後瀬山（のちせやま）に挟まれた丹後（たんご）街道に沿って発達した港町。近世には小浜城の城下町へと発展し、丹後街道沿いに商家町・茶屋町・寺町の町並みが形成された。現在、一帯には明治初期に建てられた旧料亭や、芝居小屋が残り、港町・城下町としての賑わいが偲ばれる。 JR小浜駅から徒歩約15分

お水送り
おみずおくり

儀式で示される奈良と若狭のつながり

奈良東大寺二月堂で行われる「お水取り」に先がけ、行われる行事。奈良時代、遠敷明神が二月堂の法要に際し、若狭の水を送った伝説にちなみ、神宮寺の閼伽井（あかい）で汲んだ水を流して奈良へ送る。水は10日後に東大寺の若狭井へ届くとされており、12日に「お水取り」として汲み上げられ、本尊に供えられる。 舞鶴若狭自動車道小浜ICから車で約10分

遠敷の里の古代中世の社寺・仏像群

おにゅうのさとのこだいちゅうせいのしゃじ・ぶつぞうぐん

古代の都とのつながりが深い社寺

海と都をつなぐ「最古の鯖街道」と呼ばれる遠敷には古代奈良・京都とのつながりを示す寺社が点在する。奈良時代に下根来（しもねごり）に降り立ったとされる若狭彦神を祀る若狭彦神社や、豊玉姫を祀る若狭姫神社。和銅7（714）年に開創された若狭神宮寺や、坂上田村麻呂（さかのうえのたむらまろ）創建と伝わる明通寺などがある。JR東小浜駅周辺（レンタサイクル有）

熊川宿（重要伝統的建造物群保存地区）

くまがわじゅく

若狭と京都間を結ぶ物流中継拠点

若狭街道の中継地として、軍事・物流の要衝となった宿場町。寒村だったが、浅野長政が天正17（1589）年から商家を集め問屋街と宿場を整備したことをきっかけに、江戸時代には宿場町へと発展した。運送業を営んでいた倉見屋荻野家住宅や、熊川番所など、多くの歴史的建造物が残っている。JR東中駅またはJR近江今津駅からバス乗車「若狭熊川」下車

三方五湖

みかたごこ

水産物も採れる
豊かな自然に囲まれた景勝地

三方湖（みかたこ）、水月湖（すいげつこ）、菅湖（すがこ）、日向湖（ひるがこ）、久々子湖（くぐしこ）の5つの湖の総称。万葉集にも登場する風光明媚な地である。久々子湖付近には、小浜が開発される以前に利用された「気山津」があり、日向浦付近で採取された海産物と合わせて京都へ送られた。江戸時代には三方五湖で獲れた「若州うなぎ」も京都で珍重された。舞鶴若狭自動車道若狭三方ICから車で約5分

構成文化財 CULTURAL PROPERTIES

もっと行きたい！感じたい！

鯖街道（若狭街道）

さばかいどう（わかさかいどう）

若狭と京都をつなぐ交易路のなかで最も物流量が多かったとされる主要路。小浜市場から熊川宿・朽木を経由して京都出町（でまち）に至る。若狭街道と丹後街道の分岐である日笠や沿道の三宅には石造の道しるべが残っている。

岡津製塩遺跡

おこづせいえんいせき

若狭には、土器に入れた海水を煮沸して塩を取り出す「製塩」が行われていた遺跡が50か所以上存在していた。藤原宮や平城宮で出土した若狭からの送り状（木簡）によると、塩は税（調塩）として若狭から都へ納められていた。

小浜市場

おばまいちば

若狭国藩主・京極高次が、慶長12（1607）年に整備した市場。鯖街道の起点として、京都で消費される多くの海産物が水揚げされ、取引が行われていた。現在でも上市場や下市場、狭市場の名称が残り、鮮魚や干物、農産物、花などが売買されている。

旧古河屋別邸・庭園

きゅうふるかわやべってい・ていえん

小浜の廻船問屋であった近世の豪商・古河屋によって建てられた屋敷で、入母屋造（いりもやづくり）・桟瓦（さんかわら）葺きの書院を中心とする。古河屋は東北・北陸産の米や松前の海産物などを小浜へ運ぶ海運業のほかにも、酒・醤油の醸造業や金融業も営んでいた。

小浜の祇園祭礼群 おばまのぎおんさいれいぐん

京都から小浜に伝わり、現代に継承されている祇園祭礼の数々。華やかな練り物が特徴の若狭最大といわれる小浜放生祭（ほうぜまつり）や、「小浜祇園祭礼絵巻」によって近世の繁栄ぶりが窺える廣嶺（ひろみね）神社の祇園祭が有名で、ほかにも小浜神社のお城祭りや西津地区の西津七年祭などがある。

三宅区火の見やぐら、火の見やぐら倉庫 みやけくひのみやぐら、ひのみやぐらそうこ

旧若狭街道が通る三宅集落にある江戸時代の建物。火除けの神である愛宕（あたご）地蔵を祀る地蔵堂の屋根上に火の見やぐらが載る。さらに棟を直交する形で切妻造（きりづまづくり）の消防用倉庫がつながっている。

瓜割の滝 うりわりのたき

旧若狭街道に面した天徳寺（てんとくじ）の境内奥にある湧水の滝。一年を通して水温が変わらず、夏でも水につけておいた瓜が割れるほど冷たいことが名前の由来。古くから修行地として神聖視されたことから、不動明王像が祀られている。なお、この清らかな滝の水は飲用できる。

若狭能倉座の神事能 わかさのうくらざのしんじのう

若狭では中世から近畿地方の猿楽（能）芸団とかかわりがある若狭猿楽が存在した。なかでも470年ほど前に能楽座筆頭の座についた倉座（くらざ）は、江戸時代には藩主酒井家の庇護の下で発展。現在でも宇波西神社（若狭町）などで「一人翁」をはじめとして、さまざまな曲目を上演している。

松上げ まつあげ

京都から伝播した火の祭典。南川沿いの町々で行われ、高さ20メートルほどの木の上に設置した火受けの「もじ」へ向けて松明を投げ入れ、火除け、家内安全、豊作を願う。火付けには、火除けの神である愛宕神社の種火を使う。

上中古墳群 ■ ──────── かみなかこふんぐん

若狭町の上中地域に点在する首長級の古墳群。全長約100メートルの上ノ塚（じょうのつか）古墳など大型前方後円墳が多い脇袋（わきぶくろ）古墳群や、天徳寺古墳群、日笠古墳群から構成される。若狭の支配者で、天皇の食を司った・膳臣（かしわでのおみ）一族がおもな被葬者であると推定されている。

若狭の王の舞群 ■ ──────── わかさのおうのまいぐん

若狭各地で奉納される舞の神事。中世京都の寺社で奉納されていた諸芸能が若狭へ伝わり、地域ごとに独自の発展を遂げた。国の選択無形民俗文化財となっている宇波西（うわせ）神社の神事や、中世芸能の色を残す細男の舞・エッサカエットウが演じられる多由比（たゆひ）神社の神事が有名である。

若狭の六斎念仏群 ■ ──────── わかさのろくさいねんぶつぐん

平安時代、京都で発祥した念仏に合わせて手に持った太鼓を打ちながら踊る、踊念仏（おどりねんぶつ）の一種。京都出町柳に六斎念仏の総本寺があり、鯖街道を通じて若狭へ伝わった。現在でも三宅や瓜生など20か所以上で行われている。

地蔵盆 ■ ──────── じぞうぼん

子供たちの無病息災を願う行事で、京都を発祥とする。毎年8月23日と24日に集落の祠の地蔵を子供たちが潮で洗い、絵具で彩色した後、組立地蔵堂を建てて祀る。その後、鐘や太鼓を鳴らしながら「まいってんのー」と道行く人に参拝と賽銭を呼びかける。

へしこ、なれずしの製作技法 ■
──────── へしこ、なれずしのせいさくぎほう

魚の腐敗を防ぐために塩や麹に漬ける発酵技術が、若狭では古代から確立していた。小浜のなれずしは、江戸時代中期から始まったへしこ（糠漬け）の技術を応用し、うまみ成分をさらに引き出している。

若狭塗 ■ ──────── わかさぬり

約400年前、小浜の豪商・組屋六郎左衛門（くみやろくろうざえもん）が入手した支那漆器の盆をヒントに、藩の御用塗師・松浦三十郎が考案した技法。藩主・酒井忠勝が若狭塗と命名し、基幹産業として保護・奨励した。明治以降は箸の生産が主流となり、塗箸国内シェアの大部分を占める。

旧跡	後瀬山城跡・同館跡（のちせやまじょうあと・どうやかたあと）	大永2（1522）年若狭守護の武田元光（たけだもとみつ）が築城した城跡。元光は室町幕府や皇室と緊密な関係を築いており、公家や文化人たちを招いては館で連歌会を催すなど、都の文化を若狭へ持ち込んだ。
旧跡	羽賀寺（はがじ）	元正（げんしょう）天皇の勅命を受けた行基が霊亀2（716）年に創建したと伝わる真言宗の寺院。元正天皇の御影とされる平安初期の木造十一面観音菩薩立像は、国指定重要文化財に指定されている。
旧跡	本境寺（ほんきょうじ）	廻船問屋である組屋と鼠屋によって創建された寺院。応仁の乱の際に京都から疎開された十界勧請大曼荼羅がある。
旧跡	得法寺（とくほうじ）	元亀元（1570）年、越前朝倉攻めに際し、徳川家康は得法寺に宿泊した。かつて境内には家康ゆかりの「腰かけの松」があった。鯖街道が軍事上も重要な役割を果たしていたことがわかる。
旧跡	上根来集落（かみねごりしゅうらく）	若狭と近江の国境に接する集落。針畑越えの登山口として多くの人々が往来していた。江戸時代には上根来の住民たちが背負の取次を行っていた。
旧跡	遠敷の町並み（おにゅうのまちなみ）	遠敷は若狭街道と根来道の分岐点で、物流拠点として賑わった。現在は明治以降の伝統的な町屋が建ち並ぶ。
旧跡	鯖街道（針畑越え）（さばかいどう・はりはたごえ）	若狭と京都を結ぶ複数の交易路のうち、針畑峠を越える最短ルート。石積みの井戸や地蔵が残り、古道の様相を伝えている。
文書	世界及日本図 八曲屏風（せかいおよびにほんず はちきょくびょうぶ）	南蛮人の地図をもとに製作された安土桃山時代の地図。画面中央の楕円形の枠中に描かれている世界図と、屏風いっぱいに大きく描かれた日本図から構成されている。
文化	和久里壬生狂言（わくりみぶきょうげん）	小浜市和久里の西方寺境内にある市の塔の七年供養会で奉納される無言の劇。京都壬生寺の壬生代念仏狂言の流れを汲む。

日本遺産DATA

「海と都をつなぐ若狭の往来文化遺産群 ～御食国（みけつくに）若狭と鯖街道～」

◆ **分類** シリアル型

◆ **自治体** 福井県（小浜市、若狭町）

◆ **問い合わせ先**
福井県観光営業部文化振興課
☎ 0776-20-0572　FAX 0776-20-0661
✉ bunshin@pref.fukui.lg.jp
〒910-8580 福井県福井市大手3丁目17-1

おすすめモデルコース

1 鯖街道を京へたどる旅
小浜西組（鯖街道の起点の町を散策。海の幸のお買い物）▶ 遠敷の町並みと古社寺群の散策 ▶ 鵜の瀬から瓜割の滝へ（寺社参詣とマイナスイオンを満喫）▶ 熊川宿（町並み散策と名物葛饅頭・鯖寿司を堪能）▶ 京都

2 自然に触れるアクティブコース
熊川宿（旧逸見勘兵衛家住宅見学 ▶ 若狭鯖街道熊川宿資料館宿場館 ▶ 熊川番所）▶ 瓜割の滝 ▶ 三方五湖（周遊サイクリング・若狭町観光船レイククルーズ・レインボーライン）

「信長公のおもてなし」が息づく
戦国城下町・岐阜

地域型 Local type

冷徹なイメージを覆す文化的側面

　戦国時代の日本を訪れた宣教師ルイス・フロイスは、その建物を「宮殿」ととらえ、庭園を見て「地上の楽園」のようだと感想をもらした。その建物とは、当時天下統一に最も近い男といわれた織田信長が改造した岐阜城の迎賓館のことである。迎賓館に招かれたフロイスは、そこで信長手ずからのおもてなしを受けたという。冷徹非道な戦上手、または苛烈な破壊者といったイメージの強い信長だが、じつは軍事の力だけで周辺の国々を制圧したわけではない。文化的に公家や商人、有力大名らをもてなすことで、仲間を増やしていたのである。
　信長が築いた岐阜城は、金華山や長良川の美しい自然環境や眺望を生かした造りで、山水画の世界を原寸大で再現したような壮大なスケールであった。ここでおもてなしをするに加え、信長は三段の石垣を用いた堅固な城郭にまで人を招き、通常ならば家臣がすべき案内や給仕を自ら率先して行い、人心をつかんだという。その手厚いもてなしを受けた人物はルイス・フロイスをはじめ、武田信玄の使者である秋山伯耆守、京都の公家・山科言継、堺の商人津田宗及など枚挙に暇がない。

信長流のおもてなし術とは

　招かれた人は、はじめに山麓の迎賓館を訪れた。そこで建物と庭を見学し、踊りと歌を楽しみ、お菓子や食事を受けた。宣教師であるフランシスコ・カブラルは、歓迎の晩餐会が開かれた際、食事までの待ち時間に信長自らの手から果物を受け取った。また、茶人でもある津田宗及には、彼のためだけの茶会が開かれ、美濃特産の干柿を含むご馳走が振る舞われた。この時、食事の給仕は信長の息子である信雄が行い、飯のおかわりは信長が手ずからよそったという。また、フロイスや山科言継は軍事拠点である岐阜城内を見学後、音楽を聴きながらの食事会にて、信長の手で給仕を受けている。
　こうした信長のもてなしの心は家臣にまで伝わっており、フロイスが柴田勝家の邸宅を訪れた際、「食事をするまで帰してもらえなかった」という。秋山伯耆守は山麓で食事と能を楽しんだ後、長良川での鵜飼観覧に招かれた。鵜飼の技は信長亡き後も大事に守られ、近代にはイギリス皇太子やチャップリンら、国内外の賓客を楽しませている。そして現代に至るまで信長が形作った戦国時代の城と城下町、鵜飼文化などのもてなしの精神は、岐阜の町に息づいているのである。

CULTURAL PROPERTIES

構成文化財4選

絶対行きたい！感じたい！

岐阜城 — ぎふじょう

信長流の"もてなす心"が詰め込まれた居城

斎藤道三の城であったが、永禄10(1567)年、信長が攻略し、自らの居城とした。その後信長は、山上の城郭と山麓の居館（迎賓館）を設け、客人を招いてはもてなしたという。現在の城は昭和に復興されたもので、城内には史料展示室が備わるほか、楼上は展望室となっている。

🦶 JRまたは名鉄岐阜駅よりバス乗車「岐阜公園・歴史博物館前」下車。ロープウェー「金華山ロープウェー山頂駅」から徒歩約8分

船上の遊宴文化 — せんじょうのゆえんぶんか

現代にまで継承される信長流接待の肝

長良川に伝わる船遊びの文化で、中世において鵜飼観覧（うかいかんらん）と船遊びは、一体のものとして親しまれていた。信長は鵜飼を接待の場に度々用い、「鵜匠（うしょう）」の名を与えて保護したという。『風折烏帽子（かざおりえぼし）』などの遊興文化は、長良川の鵜飼から生まれたものである。

🦶 JRまたは名鉄岐阜駅からバス乗車「鵜飼屋・長良橋」下車

岐阜城を拠点に天下統一を目指した織田信長は味方を増やすにあたり、軍事力と「おもてなし力」を使い分けた。彼が作り上げたおもてなし空間のうち、中核をなす四つを紹介する。

史跡岐阜城跡（織田信長居館跡）出土金箔飾り瓦

しせきぎふじょうあと（おだのぶながきょかんあと）しゅつどきんぱくかざりがわら

日本で初めて城郭に導入された飾り瓦

信長は客人のもてなしのため、岐阜城の城郭とは別に、山麓に巨大な庭園を誇る迎賓館をつくった。「宮殿」と呼ばれたその建物の屋根に使われていたのが金箔瓦である。従来、金箔瓦の導入は安土城が初めてと考えられていたが、岐阜城で用いられたものが日本の城郭における最古であることがわかった。

右：出土品
左：レプリカ

長良川中流域における岐阜の文化的景観

ながらがわちゅうりゅういきにおけるぎふのぶんかてきけいかん

戦国時代の町並みが継承される場所

岐阜の町並みは、織田信長の岐阜城築城と城下町の整備によって形づくられ、もてなしの舞台となった。江戸時代以降は、商業都市として経済の中心地となり、川湊に運ばれる材木や和紙を扱う問屋業が発展。職人の町としてもにぎわった。🚃JRまたは名鉄岐阜駅からバス乗車「岐阜公園・歴史博物館前」下車

構成文化財 CULTURAL PROPERTIES

もっと行きたい！感じたい！

岐阜まつり
ぎふまつり

中世より続く伊奈波（いなば）神社の祭礼。江戸時代の史料には27台もの山車が描かれており、町を挙げての祭りであったことが推測される。現在祭りで使用される山車は4台残されており、いずれも市の文化財に指定されている。

長良川の鵜飼漁の技術
ながらがわのうかいりょうのぎじゅつ

近世以前の伝統を継承した漁法。信長をはじめ、時の権力者たちは、鵜飼見物をおもてなし用のエンターテイメントとして用いた。近代以降も、チャップリンをはじめ、世界の賓客が見物している。

川原町のまちなみ
かわらまちのまちなみ

川湊付近に発展した集落で、かつては多くの紙問屋や材木問屋が軒を連ねていた。現在も特徴的な白木の格子が続く美しい町並みが見られる。一部の建物は「文化的景観」の重要な構成要素となっている。

御鮨街道のまちなみ
おすしかいどうのまちなみ

江戸時代の主要道路。徳川家康は、大坂夏の陣の帰路で岐阜へと足を運んだ際に出された鮎鮨をいたく気に入った。その後、鮎鮨が幕府へ献上されることになると、運搬用に使われた道は「御鮨街道」と呼ばれるようになった。

鵜匠家に伝承する鮎鮨製造技術
うしょうけにでんしょうするあゆずしせいぞうぎじゅつ

古代から献上品として珍重された鮎鮨の製造技術。御鮨屋または御鮨元と呼ばれる鮎鮨の製造元は、河崎右衛門（かわさきうえもん）家によって取り仕切られていた。鮎鮨は今なお岐阜の食文化の代表格で、年末年始の贈答用に製造されている。

善光寺
ぜんこうじ

山科言継が訪れた城下町の名所で、言継はその滞在中に2度お参りに訪れている。信長の嫡子・信忠（のぶただ）により信州の善光寺如来が移されていた時期もあった。

分類	名称	説明
旧跡	岐阜城復興天守（ぎふじょうふっこうてんしゅ）	遠くからでも存在感を示し、岐阜市のシンボルとして親しまれている。天守からの眺めは多くの人を魅了した。現在は昭和31（1956）年に造られた2代目の復興天守。
旧跡	妙照寺本堂・庫裏（みょうしょうじほんどう・くり）	江戸時代、松尾芭蕉が約1カ月滞在した寺。芭蕉はここを拠点に金華山登山や鵜飼見物を行った。また岐阜城の際には藩主の休憩所ともなった。
旧跡	法華寺（ほっけじ）	山科言継が訪れた城下町の名所。信長の入城後に清須（清洲）から移転したと伝えられる。言継は長良川とセットで訪れている。
旧跡	御薗の榎（みそのえのき）	当時のまちのにぎわいを物語る場所。楽市の市神として祀られたとされる榎で、江戸時代、朝日文左衛門（あさひぶんざえもん）は金華山観光をする前に立ち寄っている。
旧跡	伊奈波神社（いなばじんじゃ）	垂仁（すいにん）天皇の長男・五十瓊敷入彦命（いにしきいりひこのみこと）を祀る神社で、当初は金華山に鎮斎されていたが、天文8（1539）年、岐阜城築城に、斎藤道三が現在地に移したと伝わる。岐阜市の総産土神として信仰される。
旧跡	後楽荘（こうらくそう）（日本料理店）	岐阜市内に残る古きよきおもてなしの場の一つ。明治時代後期から続く伝統的な日本料理屋で、600坪にも及ぶ庭園と、そこから見える金華山の美しい眺望は、数多くの客を魅了する。
旧跡	川原町屋（かわらまちや）（喫茶店）	岐阜市内のおもてなしの場の一つ。かつては紙問屋だったが、明治時代に町屋を和雑貨と喫茶が楽しめる空間に作り変えられた。岐阜城の天守を眺望できる部屋が設けられている。
旧跡	鵜匠家（うしょうけ）	鵜飼屋地区に残る6軒の鵜匠の家。各家とも、主屋のほか、鵜の世話をするために鳥屋、水場、松小屋などから構成されている。
文化	長良川鵜飼観覧船造船技術（ながらがわうかいかんらんせんぞうせんぎじゅつ）	昔ながらの伝統的な和船や鵜飼観覧船を作る技術。鵜飼をおもてなしとするために、同地では屋根を備えた観覧船の需要が高まり、ほかの川船と異なる観覧船造船技術が発達した。
文化	長良川鵜飼観覧船操船技術（ながらがわうかいかんらんせんそうせんぎじゅつ）	船からの鵜飼見物を支える船の操船技術。長良川中流域は流れが速く、また常に変化する風速や風向きを予測しての独自の操船が特徴である。棹（さお）を主体に櫂（かい）を併用し、2～3人で操る。
文化	長良川まつり・鮎供養（ながらがわまつり・あゆくよう）	鵜飼にまつわる伝統的な祭事。水運安全祈願のため、旧暦6月6日に神明神社で行われる。同日、鵜匠をはじめとする関係者による鮎供養の祭事も催される。
文化	長良川鵜飼用具（ながらがわうかいようぐ）	鵜飼に使用する船や鵜を入れる鵜籠、操船に用いる棹や櫂など、長良川の鵜飼に関係する用具一式。122点が国の重要有形民俗文化財に指定されている。
文書	楽市楽座制札附織田信長百姓帰住制札5点（らくいちらくざせいさつつけたりおだのぶながひゃくしょうきじゅうせいさつ）	岐阜に入った織田信長が、城下町経営のための復興策として取り入れた楽市・楽座の制札。5枚のうち4枚が円徳寺に伝存している。当時のまちのにぎわいを物語る貴重な資料。

日本遺産DATA

「『信長公のおもてなし』が息づく戦国城下町・岐阜」

◆ 分類　地域型

◆ 自治体
岐阜市（岐阜県）

◆ 問い合わせ先
岐阜市教育委員会社会教育課
☎ 058-214-2365　📠 058-265-4333
✉ ky-shakai@city.gifu.gifu.jp
〒 500-8720 岐阜県岐阜市神田町1-11

おすすめモデルコース

1　**戦国城下町をめぐる**
岐阜市歴史博物館 ▶ 岐阜公園（織田信長公居館跡）▶ 岐阜城 ▶ 正法寺（岐阜大仏）▶ 常在寺 ▶ 御鮨街道の町並み ▶ 善光寺・伊奈波神社

2　**鵜飼文化に触れる**
長良川うかいミュージアム ▶ 鵜匠家 ▶ 長良橋 ▶ 鵜飼観覧船造船所 ▶ 川原町の町並み ▶ 鵜飼観覧

祈る皇女斎王のみやこ
斎宮

地域型
Local type

神に仕えし皇女

かつて日本には、国の平安と繁栄を祈るため、都を離れ、伊勢神宮のそば近くで天照大神に仕えた皇女がいた。斎王と呼ばれる皇女たちは、およそ660年間に60人以上が天皇に代わって天照大神に仕える重要な役目を担った。そんな斎王たちが暮らす場所を斎宮という。伊勢神宮の境内でもなく都でもないその独特で特別な空間は、現在でいう三重県多気郡明和町に存在した。

斎王の歴史は、日本神話の時代まで遡る。その初代とされるのが、天照大神の御杖代であった豊鍬入姫命である。その跡を継ぎ、諸国を旅して天照大神の鎮座する地を捜し求めたのが倭姫命であり、彼女は伊勢（現在の明和町大淀）にて佐々夫江行宮を造ったとされる。その後、飛鳥時代に入って斎王制度が確立すると、伊勢神宮から約15キロ離れた場所に斎宮が設けられた。

斎王は、天皇の即位の際に未婚の内親王または女王の中から、占いによって選ばれる。選ばれた皇女は家族と離れ、斎宮へ向かった。斎王群行と呼ばれるこの旅は禊祓の旅でもあった。

斎王が過ごす日々

祓の儀式を済ませ、斎宮に移った斎王は、清らかで慎みがあることが求められた。神に仕える身であるがために、恋愛も禁じられたが、恋に落ちて任を解かれたり、恋人と引き裂かれたりする斎王もおり、平安時代には彼女たちの悲恋をテーマにした物語がいくつも書かれた。

とはいえ、斎宮での斎王の暮らしぶりは、悲しいばかりではない。美しい装束を身に着け、貝合わせや盤すごろくなどの娯楽を楽しみ、歌を詠むといった優雅な生活を

送っていた。身の回りの世話はおよそ50人からなる女官が担い、斎宮寮と呼ばれる役所に勤める官人約500人以上の人々が彼女に仕えた。また、近隣の国から物資が集積したため、この地方における文化の中心地の一つにもなった。

斎王制度の終わりは南北朝時代に訪れた。争乱で制度が廃絶されたことにより、斎王は姿を消し、斎宮は「幻の宮」となった。その幻の宮が蘇ったのは昭和に入ってからのことである。発掘調査の結果、都のような碁盤の目状の区画道路が走り、100棟もの建物が整然と並ぶ都市であったことがわかった。現代も斎宮究明の発掘調査は続いており、すべての調査が終わるまでに200年以上を要すると概算されている。古の斎王たちの祈りが込められた地・斎宮は、未来にどんな姿を見せてくれるのだろうか。

CULTURAL PROPERTIES
構成文化財 5選

絶対行きたい！感じたい！

国の平安と繁栄のため、伊勢神宮近くで天照大神に仕えた皇女・斎王。彼女たちは斎宮でどのような暮らしを送っていたのか。五つの構成文化財から斎宮における斎王たちの実態に迫る。

斎宮跡　——さいくうあと

幻の宮と呼ばれた斎王の宮殿と役所の跡

三重県多気郡明和町にある東西約2キロメートル、南北約700メートルの広大な史跡。斎王の宮殿と斎宮寮という役所が、飛鳥時代から南北朝時代の約660年にわたって存在した。長年、「幻の宮」とされてきたが、昭和45（1970）年から斎宮の発掘調査がはじまり、平成27（2015）年には斎宮寮の中心的な建物3棟を復元。「さいくう平安の杜」としてオープンした。🚩近鉄斎宮駅から徒歩すぐ

斎宮跡出土品（斎宮歴史博物館蔵）——さいくうあとしゅつどひん

斎王の雅やかな暮らしを物語る考古資料

斎宮跡から出土した遺物で、合計2661点が国の重要文化財に指定されている。一般の住居跡からは出土しない三彩陶器や緑釉（りょくゆう）陶器などの高級陶磁器をはじめ、蹄脚硯（ていきゃくけん）、羊形硯が出土したことで、幻とされていた斎宮の存在が明らかになった。慎ましやかな暮らしを送りながら、都さながらの雅やかな生活が営まれていたことがわかる。
🚩近鉄斎宮駅から徒歩約15分

斎王の森

さいおうのもり

地元で語り継がれてきた斎宮のシンボル

斎王の宮殿があったと語り継がれていた場所。斎宮のシンボルとして地元の人々により守られてきた歴史があり、大来皇女（おおくのひめみこ）が弟の大津皇子（おおつのおうじ）へ詠んだ歌が刻まれた歌碑が建てられている。

近鉄斎宮駅から徒歩約5分

業平松

なりひらまつ

松の木に宿る平安貴族と斎王の悲恋物語

『伊勢物語』の第69段「狩の使ひ」に書かれた斎王と在原業平（ありわらのなりひら）との悲恋物語にまつわる松の木。斎王である恬子（てんし）内親王は、狩の使として斎宮を訪れた在原業平と一夜を過ごし、業平が尾張へ旅立つとき、別れを惜しみ松の下で歌を詠んだと伝わる。

近鉄明星駅からタクシーで約15分

斎王尾野湊御禊場跡

さいおうおののみなとおんみそぎばあと

斎王が禊を行った聖なる海辺

尾野湊は、現在の大淀の旧称で、斎王が神嘗祭（かんなめさい）のために禊を行った海岸。神嘗祭とは、新穀を神に奉納し、豊穣を感謝する祭りで、斎王が伊勢神宮へ赴く年3回の祭礼のうち、9月に開かれる。斎王は8月末日にこの地で禊を行い、心身を清めていた。

近鉄明星駅からタクシーで約15分

構成文化財 CULTURAL PROPERTIES

もっと行きたい！感じたい！

竹神社（野々宮）

たけじんじゃ（ののみや）

斎宮駅からほど近い場所に鎮座する神社。伊勢御巡行の倭姫命のお供をした竹氏がこの地に留まり、のちの子孫が竹氏の祖神宇加之日子（うかのひこ）・吉日古（きちひこ）を祀った。もとは斎宮歴史博物館の南側駐車場前の周辺にあった。境内地には斎王の宮殿があったとされる。

祓川

はらいがわ

神領（しんりょう）の入口を流れ、俗界との境を示す川。伊勢へ旅立った新しい斎王は、斎宮へ入る前に祓川で禊を済ませなくてはならなかった。斎宮が廃絶していた江戸時代には、参詣者がこの川を渡るときに、身を清める場とされた。

竹川の花園

たけがわのはなぞの

『源氏物語』の「竹河」帖で詠まれる歌に登場する花園。斎宮の西側に位置しており、斎王も花園へ足を運んでは四季の花々を楽しんだとされる。現在の近鉄斎宮駅と漕代駅の間に広がる田園地帯が花園跡だといわれている。

隆子女王の墓

たかこじょおうのはか

醍醐（だいご）天皇の皇子・章明（しょうめい）親王の第一王女で、斎宮で亡くなった斎王・隆子女王の墓。女王は天禄元（970）年に即位したが4年後に疱瘡のために死去した。木々に囲まれた墓域には、清楚な雰囲気が漂っている。

大淀
おおよど

倭姫命が大淀の浦を航行した折、波風がない安全な海であることを喜んで大与度（おおよと）社を定めたことから、大淀という地名になった。『伊勢物語』などの歌に多く詠まれた景勝地。

佐々夫江行宮跡
ささふえあんぐうあと

『倭姫命世紀』で、天照大神の鎮座地を探し求めていた倭姫命が、大淀に建てた伝説の宮跡。現在は笹笛橋の近くの田んぼの中に、高さ1メートルほどの「竹佐々夫江旧跡」と刻まれた石碑が建てられている。

カケチカラ発祥の地
かけちからはっしょうのち

神嘗祭で行われる、初穂の稲束を伊勢神宮の内玉垣にかけ国の永遠の繁栄を祈る「懸税（カケチカラ）」行事発祥の地。『倭姫命世紀』では八百の穂が実った稲を真名鶴が倭姫命に捧げ、それを天照大神の神前に納める最初のカケチカラが行われた。

日本遺産 DATA

「祈る皇女斎王のみやこ 斎宮」

◆ **分類** 地域型

◆ **自治体**
明和町（三重県）

◆ **問い合わせ先**
明和町斎宮跡・文化観光課 文化財係
℡ 0596-52-7126　📠 0596-52-7133
✉ saikuuato@town.mie-meiwa.lg.jp
〒515-0332 三重県多気郡明和町大字馬之上945番地

琵琶湖とその水辺景観
－祈りと暮らしの水遺産

シリアル型
Serial type

暮らしに応じた水循環システム

　水は日本人にとって資源の一つではなく、精神的にも特別な存在とみなされてきた。そんな水に対して人々は、畏敬の念を抱きつつ生活の中に取り込むことで、「和のくらし」を築いてきたのである。
　とりわけ近江盆地の中央に琵琶湖を有する滋賀県は、古くから水との関わりが深く、「水の文化」が育まれてきた。琵琶湖西部にある高島市の勝野では、江戸時代に山麓から湧き出る水を竹製の筒でつないで引き込み、溜め枡を設けて各家に配分する古式水道を造って以降、改良を加えながら現在まで使用を続けている。同市内の針江地区では、湧き水を汲み上げ、カバタという洗い場で「飲料水」「洗い物用」に使い分け、さらにカバタで飼っている魚に野菜の切れ端やごはんの食べ残しなどの残飯を処理させて水を浄化させている。さらにカバタは町中を走る水路とつながっており、そこを通った水は針江大川に集まり、やがて琵琶湖へと注ぎ込む。カバタは水を大切に使い、下流で水を使う人を思いやる気持ちから生まれた知恵の結晶といえるだろう。
　一方、同市の海津・西浜の集落でも、水と暮らす人々が生み出した独自の景観が見られる。琵琶湖から発せられる風波から家を守る石積みや、洗い物をするために浜辺に設けられた橋板などがある。

現代まで残る「水の文化」の象徴景観

　また、古来人々は、清らかな水には精気が宿ると信じてきた。そこで水を神と考え、様々な祭事を行っており、その名残が現在も見られる。安曇川水系には、材木を運ぶ筏乗りを川の魔物から守るシコブチ神を祀る社が点々と存在するほか、米原市の干ばつに弱い扇状地一帯では、雨乞いの太鼓踊りが今も行われている。琵琶湖は水の浄土と見立てられ、平安時代初期に最澄が開いた比叡山延暦寺は、仏教世界の東方にあり、瑠璃色に輝く「水の浄土（東方浄土）」の教主である薬師如来を本尊としている。そしてこの「水の浄土」を取り巻くように、薬師如来像や観音菩薩像などを奉る天台寺院や神仏習合した神社が数多く建立されているのだ。
　古来、琵琶湖の水辺に住む人々は、独自の漁法や食文化も育んできた。鳥の羽をつけた竿でコアユを網に追い込む「オイサデ漁」などは地元の風物詩であり、琵琶湖の固有種であるイサザやホンモロコ、ビワマスなどさまざまな魚を食し、とくにニゴロブナを使った伝統的な「鮒ずし」は、全国的な知名度を誇る名物となっている。
　ここ滋賀は、水を敬い、畏れ、救いと安らぎを求めてきた日本の原風景が脈々と息づく場所なのだ。

CULTURAL PROPERTIES

構成文化財 6選

絶対行きたい！感じたい！

白鬚神社 — しらひげじんじゃ

延命長寿や人生における尊きの神様を祀る

11代垂仁（すいにん）天皇の時代に創建したといわれる近江最古の神社で、全国の白鬚神社の総本社でもある。琵琶湖中に建つ朱塗りの大鳥居の姿から「近江の厳島」とも呼ばれてきた。 JR近江高島駅からタクシー（車）で約12分

延暦寺 — えんりゃくじ

水の浄土・琵琶湖を見守る天台宗総本山

奈良時代、最澄（さいちょう）によって開かれた天台宗の総本山。最澄は琵琶湖を、水の恵みあふれるこの世の楽園、理想郷と讃えたという。秘仏・根本薬師は延暦寺根本中堂の内陣厨子に安置され、最澄の理想と信仰を今に伝える。 坂本ケーブル乗車「延暦寺駅」下車徒歩約8分

玄宮楽々園 — げんきゅうらくらくえん

日本を代表する池泉回遊式庭園

彦根城の北東に造られた大名庭園で、琵琶湖や中国の瀟湘八景（しょうしょうはっけい）にちなんで選ばれた近江八景を模している。池の水は城下町の湧水を逆サイフォンの原理によって導水するなど、水を巧みに取り入れた芸術的な景観が広がる。 JR彦根駅から徒歩約15分

古来、日本人は水を敬い、一方で生活に溶け込ませることで、日本らしい和の暮らしを築いてきた。そのなかで、とりわけ水の文化が発展したのが琵琶湖周辺の水辺の地域だった。ここでは、古来の水と祈りに関わる重要な文化財を六つ紹介する。

近江八幡の水郷
おうみはちまんのすいごう

和の情緒豊かな美しい景観

琵琶湖八景の一つ「春色・安土八幡の水郷」に数えられる風光明媚な景観。3月上旬に行われる「ヨシ焼き」は早春の風物詩といわれる。漁業やヨシ産業など、周辺住民との共生の中で、景観の維持と再生が繰り返されている。

🐾 JR近江八幡駅からバス乗車「豊年橋船乗り場口」・「円山」・「白王口」・「陶芸の里」下車

醒井宿
さめがいしゅく

神話や伝説も多く残る旧宿場町

江戸時代、中山道に発展した宿場町で、通過する大名や役人に人足や馬を提供する役割を担った。当時の施設が保存・復元されており、地蔵川が目前を流れ、歴史と清流を楽しめる町並みと自然が融和する独特の景観が広がる。

🐾 JR醒ヶ井駅から徒歩約5分

五個荘金堂重要伝統的建造物群保存地区
ごかしょうこんどうじゅうようでんとうてきけんぞうぶつぐんほぞんちく

近江商人の暮らしぶりを伝える場所

舟板塀や白壁を巡らした屋敷が立ち並ぶ町の中には、錦鯉が泳ぐ水路が張り巡らされている。金堂地区においては、「外村宇兵衛邸」をはじめ三館の近江商人屋敷が公開されており、本宅と農家住宅が一体となった独特の景観が見られる。

🐾 JR能登川駅からバス乗車「金堂」下車

構成文化財　CULTURAL PROPERTIES

もっと行きたい！感じたい！

高島市針江・霜降の水辺景観
たかしましはりえ・しもふりのみずべけいかん

針江・霜降には、安曇川の伏流水と比良山系からの地下水を起源とする湧水が各所で自噴する。その水を飲料水、生活水として利用するための「カバタ」をはじめとするエコな水循環利用システムが見られる。（※見学には事前の予約が必要）

園城寺（三井寺）
おんじょうじ（みいでら）

西国三十三所観音霊場および西国薬師霊場の一つ。境内には天智（てんじ）・天武（てんむ）・持統（じとう）天皇の産湯に用いられたとされる霊泉（閼伽井屋）が残る。水と深い関わりを持つ水観寺の本尊薬師如来＝水の教主は、今も人々の尊崇を集めている。

琵琶湖の伝統漁法（ヤナ・オイサデ・エリ漁）と食文化
びわこのでんとうぎょほう（やな・おいさで・えりりょう）としょくぶんか

古来、琵琶湖で営まれたヤナ、オイサデ、エリと呼ばれる伝統的な漁法。安曇川のヤナ漁は「安曇河御厨」として千年以上前の漁業景観を今に伝えている。琵琶湖の恵みである湖魚は、なれずし、佃煮などの形で今も人々の食生活を支えている。

沖島
おきしま

琵琶湖内に浮かぶ最大の島。日本で唯一、淡水湖中の島において漁業が生業となっている。独特な漁法と、それによって収穫された魚を使った伝統的な湖国の食文化は、島の生活様式を知る上で重要な遺産と考えられている。

朝日豊年太鼓踊
あさひほうねんたいこおどり

雨乞い御礼の太鼓踊り。姉川を含む幾本もの川の水源を抱く伊吹山は、古来人々の崇敬を集めており、周辺の村々では今も山に向かって踊りを奉納している。扇状地で暮らす人々の、水利の源への祈りと感謝の姿が表されている。

伊庭の水辺景観
いばのみずべけいかん

瓜生川（うりゅうがわ）から引いた水路が縦横に巡り、その水路に沿って「カワト」が設けられている。水路を流れる水は内湖と繋がり、人々の生活を今も支え続ける。一帯の人々の生活が、水とともにあったことを実感できる景観である。

分類	名称	説明
旧跡	日吉大社（ひよしたいしゃ）	日吉・日枝・山王神社の総本宮。平安京遷都の際、鬼門封じの社として、また延暦寺の御法神となった。7基の神輿が神社を出て町内を巡り、琵琶湖上へと進むと同時に、粟津御供と呼ばれる供物がお供えされる神輿渡御が行われる。
旧跡	旧彦根藩松原下屋敷（お浜御殿）庭園（きゅうひこねはんまつばらしもやしき（おはまごでん）ていえん）	池泉回遊式の庭園。池の水は、琵琶湖の水位と連動して波打ち際が変化する汐入（しおいり）方式が採られている。日本で唯一の淡水を用いた汐入形式の庭園である。州浜と築山で構成されており、現在は春と秋に特別公開されている。
旧跡	伊崎寺（いさきじ）	比叡山延暦寺の支院。琵琶湖の先端に張り出した竿の上から水に飛び込む荒行で知られる。水の信仰との結びつきが深い寺として、近年、観光地や映画のロケ地としても知名度が増している。
旧跡	長命寺（ちょうめいじ）	長命寺山の山腹に、琵琶湖を見下ろすように建てられた寺院で、西国三十三所の札所の一つ。中世以来秘仏とされる薬師如来像が祀られ、不動の滝など水の浄土への信仰心・祈りを表す地として多くの人が訪れる。
自然	伊吹山西麓地域（いぶきやませいろくちいき）	水の神が棲まうといわれ、古代から崇敬されてきた伊吹山。日本神話において語られるヤマトタケルを撃退した伊吹山の神が、水の神として祀られている。奈良時代以降は、神の力を得るために多くの修験者が山中で滝行を行った。
文化	高島市海津・西浜・知内の水辺景観（たかしましかいづ・にしはま・ちないのみずべけいかん）	琵琶湖をはじめとする河川や内湖のほか、湖岸の石積や共同井戸、漁港や砂浜の橋板など、古くから続く「水」と共に生きる暮らしの景観が今も息づく町。
文化	大溝の水辺景観（おおみぞのみずべけいかん）	分部氏によって整備された旧城下町地域には、山や井戸から取水する古式水道や水路が巡らされており、今も住民に利用されている。内湖の乙女ヶ池は「水城」であった大溝城の往時の景観を今に伝える。
文化	東草野の山村景観（ひがしくさののさんそんけいかん）	伊吹山に水源を持つ琵琶湖辺を育む山村集落。関西屈指の豪雪地でもある。軒を大きく出すことで雪でも作業できるようにした「カイダレ」や、山麓の湧水を引き込む水路などに、地域独自の生活様式が表れている。
文化	シコブチ信仰（しんこう）	古来、安曇川水系の河川沿いには、奈良や京の都に建築用材を伐り出して運ぶ筏乗りたちの中で信仰される「シコブチ神」が祀られてきた。シコブチ神は川の魔物から身を守ってくれると信じられ、祠や社が設置されたほか、「シコブチ講」が組まれた。

日本遺産 DATA

「琵琶湖とその水辺景観 －祈りと暮らしの水遺産」

◆ 分類　シリアル型

◆ 自治体
滋賀県（大津市、彦根市、近江八幡市、高島市、東近江市、米原市）

◆ 問い合わせ先
滋賀県商工観光労働部観光交流局しがの魅力企画室
℡ 077-528-3741　📠 077-521-5030
✉ ff00@pref.shiga.lg.jp
〒 520-8577
滋賀県大津市京町4丁目1番1号

日本茶800年の
歴史散歩

シリアル型
Serial type

天下人を魅了した茶

　寺社仏閣や紅葉など見所が満載の古都・京都は、毎年約5000万人もの観光客が訪れる。今や一大国際観光都市となっている京都だが、その南部には歴史を見て歩くだけでなく、体感し、味わえる文化がある。山城地域に根付く「宇治茶」だ。

　古くから貴族の別業の地として栄えてきたこの地域は、川霧が立つ気候や土壌、植生など茶葉にとっての好条件をいくつも備えていた。茶の栽培が始まったのは13世紀。栄西禅師が中国から栽培方法をもたらしてからのことであった。15世紀には、宇治茶は足利将

軍家に愛されたため「将軍が珍重する茶」として、日本一の茶と呼ばれるに至った。そして将軍家や管領家は宇治に「七名園(しちめいえん)」という茶園を設け、最高級の茶葉を作らせたのである。

宇治茶の代名詞ともいえる「抹茶」は遅くとも16世紀に誕生した。千利休(せんのりきゅう)をはじめ多くの茶人の要望に応えるように覆下栽培により渋みが少なく、色鮮やかでうまみの強い抹茶が完成した。宇治茶は天下人を魅了し、織田信長や豊臣秀吉、徳川将軍家らの庇護を受けることになった。

日本特有の緑茶が誕生する

時代が下り18世紀には、黄檗山萬福寺(おうばくさんまんぷくじ)を開いた隠元(いんげん)禅師が伝えた淹茶法(乾燥した茶葉に湯を注いで飲む方法)をヒントに、永谷宗円(ながたにそうえん)が新芽の茶葉を蒸して焙炉の上で手揉みし、乾燥させる宇治製法(青製煎茶製法)を編み出し、色・香り・味に優れた緑茶「煎茶」を誕生させた。

その後、煎茶の普及によって需要拡大したことで、和束町(わづかちょう)の山間部などでは農家の裏山の傾斜地を利用した茶の露地栽培が盛んになり、山なり茶園の景観が見られるようになった。また、山城地域の上質な茶への探究心は留まるところを知らず、世界的な最高級緑茶である

「玉露(ぎょくろ)」が誕生した。幕末、鎖国が解かれると、煎茶は生糸と並び輸出需要が急増。20世紀には、水運の要となった木津川市上狛(かみこま)に形成された茶問屋街や、天まで届くかのような「山なり開墾」による南山城村の縦畝模様の茶畑など、他にはない独特の景観が広がった。

このように茶の文化、歴史とともに歩んできた山城地域では、現在『宇治茶手もみ製技術』の保存、宇治茶まつりの開催などで、その価値を再認識し、技術の継承に努めているのである。

CULTURAL PROPERTIES

構成文化財 5選

絶対行きたい！感じたい！

日本文化に溶け込み、世界にも影響を与えている日本の喫茶文化は、京都南部の山城地域から始まった。上質な茶を求め続けた山城の茶業者は、他地方に先駆けて煎茶や玉露など、新しい技法を生み出した。茶業の歴史と現在の茶生産の姿がわかる五つの構成文化財を紹介する。

石寺・白栖・撰原・釜塚の茶畑

いしてら・しらす・えりはら・かまつかのちゃばたけ

見渡す限り山の上まで茶畑が広がる茶源郷

京都府南部の別名「茶源郷」とも呼ばれる和束町は、京都府内のお茶の約4割を生産する最大産地。山腹全域にわたって営まれている茶畑は、谷沿いから急傾斜の山の上にも広がり、空まで続いているような不思議な景観を見せる。中心部の和束茶カフェ（天空カフェ）では、茶畑の景観を眺めながら和束産のお茶を楽しめる。

JR加茂駅からバス乗車下車など

流れ橋と両岸上津屋の「浜茶」

ながればしとりょうがんこうづやの「はまちゃ」

流れ橋でつながる両岸の景観

水辺の砂地で栽培される「浜茶」の産地。19世紀後半まで抹茶栽培は宇治茶師に限られていたが、覆下栽培でつくられる玉露には規制がなく、茶園が木津川の河川敷に広がった。両岸は同じ上津屋という地名を持つ共同体で、住民は流れ橋を用いて頻繁に往来していた。現在では抹茶用の碾茶（てんちゃ）が生産される。

京阪八幡市駅からバス乗車「上津屋」下車徒歩約10分など

童仙房・高尾・田山・今山の茶畑
どうせんぼう・たかお・たやま・いまやまのちゃばたけ

富国強兵のために茶業振興に努めた地域

山間部に大規模な茶畑を展開する宇治茶の主要な産地。童仙房は明治初期、士族授産のために京都府が主導して開拓した新しい茶産地だった。現在では京都府内のお茶の約4分の1を担い、品評会でも好成績を収めている。

🦶 JR大河原駅から車で10分

上狛茶問屋街
かみこまちゃどんやがい

茶畑と神戸港を結び世界へ開かれた物流中継地

山城各地の茶を扱っていた問屋街。最盛期には120軒以上の問屋が建ち並び、集められた茶葉は、木津川・淀川を経て神戸港に運ばれ他国へ輸出された。地区内の泉橋寺には、鎌倉時代に彫られた日本一大きな地蔵がある。

🦶 JR上狛駅から徒歩約11分

永谷宗円生家
ながたにそうえんせいか

茶業の技術革命の歴史を伝える茶の聖地

宇治田原町湯屋谷は煎茶の生みの親である代々の永谷家が暮らした地。生家には宗円が開発・普及した「青製煎茶製法」の焙炉が保存されているほか、映像資料の展示や湯屋谷産煎茶の試飲も行っている。🦶 京阪、JR宇治駅または近鉄新田辺駅からバス乗車「工業団地口」下車。徒歩約25分

構成文化財 CULTURAL PROPERTIES

もっと行きたい！感じたい！

黄檗山萬福寺 ──おうばくさんまんぷくじ

明(みん)の隠元禅師によって開創された黄檗宗寺院。境内にある明朝様式の建築だけでなく、隠元禅師は、永谷宗円が生み出した煎茶法の着想のもとになった「淹茶法」を日本へ伝えた。

「奥ノ山」茶園 ──「おくのやま」ちゃえん

室町時代に足利家が認めた七名園のうち唯一現存する茶園。宇治川を見下ろす高台に位置し、今でも碾茶(てんちゃ)の栽培を行っており、良質な宇治茶を生産している。

興聖寺 ──こうしょうじ

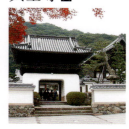

天福元(1233)年に創建された最初の曹洞宗寺院。明恵(みょうえ)上人や千利休などの茶業功労者の遺績を追慕するために毎年10月に開かれる宇治茶まつりでは、「茶壺口切の儀」や「茶筅塚供養」が行われる。

茶陶「朝日焼」 ──ちゃとう「あさひやき」

400年もの歴史を持つ窯元。七名園の一つであった朝日茶園の跡地に、慶長年間(1596〜1615)に開窯。大名茶人・小堀遠州(こぼりえんしゅう)より指導を受け、遠州七窯に数えられるようになった。

白川地区の茶畑 ──しらかわちくのちゃばたけ

市街地である中宇治から南へ山を越えたところにある集落。近世に抹茶用の茶の栽培が始まり、現在は伝統的な本簀や寒冷紗を用いた覆下茶園を保持しながら、碾茶や玉露向けの茶を栽培している。

宇治川 ──うじがわ

琵琶湖を水源とし、京都府南部を流れ淀川へ注ぐ一級河川。古代から水陸交通の要衝として多くの舟が往来し、万葉集や平家物語などの文学や、宇治川合戦などの歴史に数多く登場した。

飯岡の茶畑 ──いのおかのちゃばたけ

木津川(きづがわ)に隣接する玉露の名産地。中心にある標高約67mの飯岡丘陵には、集落や覆下(おおいした)茶園群があり、周囲の平地は水田が広がる垂直配置が独特の景観を生み出している。

海住山寺 ──かいじゅうせんじ

木津川の右岸の山中にある真言宗寺院。鎌倉時代、海住山寺の高僧・慈心(じしん)上人が、茶業興隆の祖といわれる「栂ノ尾の明恵上人」から茶の種子をもらい、鷲峰山麓に栽培したのが、和束町の茶生産の始まりといわれている。

分類	名称	説明
旧跡	宇治神社（うじじんじゃ）	宇治の産土神（うぶすながみ）を祀る神社。宇治茶まつりでは、興聖寺（こうしょうじ）までの道中を宇治神社の宮司が先導する。
旧跡	宇治上神社（うじがみじんじゃ）	古くは宇治神社と一体であった神社。現存する神社建築のなかでは日本最古（1060年頃）の本殿が残っていることから、世界文化遺産に登録されている。
旧跡	鷲峰山　金胎寺（じゅうぶさん　こんたいじ）	南山城最高峰で、7世紀末に役行者によって開かれたと伝わる修験道の山寺。慈心上人が茶を栽培した原山はこの寺の山麓にある。
旧跡	黄檗山萬福寺門前の「駒蹄影園跡碑」（おうばくさんまんぷくじもんぜんの　こまのあしかげえんあとひ）	茶の種の蒔き方がわからない里人に対し、明恵上人の馬の蹄（ひづめ）の跡に蒔くように伝えたという伝説が記されている碑文。ここから宇治における茶生産がはじまった。
旧跡	宇治橋（うじばし）	大化2（646）年に架けられた橋で、日本三古橋の一つに数えられる。上流側に張り出した「三の間」は、豊臣秀吉が茶会に使う水を茶店「通圓」の十一代目に汲ませた場所とされる。
旧跡	通圓茶屋（つうえんちゃや）	永暦元（1160）年創業の茶屋。宇治橋の東詰に位置したことから、鎌倉時代以降は橋守も兼ねた。寛文12（1672）年に建てられた現店舗は、都名所図会にも掲載されている。
文化	名水汲み上げの儀（めいすいくみあげのぎ）	豊臣秀吉が宇治川の水を汲んで茶会を開いた故事に倣い、宇治橋「三の間」からシュロ縄につるした釣瓶（つるべえ）で清水を汲み上げ興聖寺へ運ぶ行事。
文化	茶壺口切の儀（ちゃつぼくちきりのぎ）	興聖寺で行われる宇治茶まつりの行事。仏前に供えられていた新茶の壺の封を切り、三の間で汲み上げた水でお茶を点て、茶祖に献上する。
文化	茶筅塚供養の儀（ちゃせんづかくようのぎ）	「茶壺口切の儀」の式典後、興聖寺山門前の茶筅塚で執り行われる法要で、使い古した茶筅を供養する。
文化	宇治茶手もみ製茶技術（うじちゃてもみせいちゃぎじゅつ）	元文3（1738）年に永谷宗円が考案して以来、現代まで継承されている伝統的な製茶技術。京都府の無形文化財に指定されている。
文化	湯船・原山の茶畑（ゆぶね・はらやまのちゃばたけ）	和束町の中部から東部にかけて広がる茶生産地域。原山は慈心上人が茶栽培を始めた地域だといわれている。
文化	湯屋谷の茶畑、茶農家、茶問屋の街並み（ゆやだにのちゃばたけ、ちゃのうか、ちゃどんやのまちなみ）	煎茶の生みの親である永谷宗円の生家がある湯屋谷では、煎茶を生産する茶農家や、茶問屋が建ち並ぶ街並みが形成されている。

日本遺産DATA

「日本茶800年の歴史散歩」

◆ 分類　シリアル型

◆ 自治体
京都府（宇治市、城陽市、八幡市、京田辺市、木津川市、宇治田原町、和束町、南山城村）

◆ 問い合わせ先
京都府企画理事付
℡ 075-414-4529　FAX 075-414-4389
✉ kikakuriji-seisaku@pref.kyoto.lg.jp
〒 602-8570
京都市上京区下立売通新町西入薮ノ内町

丹波篠山 デカンショ節
－民謡に乗せて歌い継ぐふるさとの記憶

地域型
Local type

緑豊かな山中で生まれた歌

　8月中旬、丹波篠山では日本有数の大きさを誇るやぐらが組まれ、周囲を盆踊りの輪が取り囲む。そして踊りまわる人々の上空には花火が打ち上げられ、真夏の夜空に大輪の花を咲かせる……。

　大阪から電車で約1時間、さらに篠山口駅からバスに乗り、山道を進む。そうしてたどり着いた緑の山々に囲まれた盆地に、丹波篠山は存在する。篠山城を中心に広がる城下町には、宿場町や農村集落、窯業集落などの町と、特産品である黒大豆の田畑や緑豊かな山林など美しい景観が広がる。そんな美しい地域では、京都や播磨地方の影響を受けた祭礼をはじめ、数々の伝統的な文化が伝わっている。

全国規模となり、再び篠山へ

　冒頭の盆踊りの光景は、伝統文化の一つ「デカンショ節」に合わせて踊るデカンショ祭のワンシーンを切り取ったものだ。デカンショ節は、江戸時代に歌われていた盆踊り唄「みつ節」を起源とするといわれる民謡兼学生歌である。「デカンショ」という言葉は「ドッコイショ」が語源であり、それが転化したなどといわれているが定かではない。当初の歌詞は自然の情景に農婦の糸紡ぎや焼物の作業工程などの様子を織り交ぜるなど、素朴なもの

が多かったが、明治に入り、篠山藩主や多くの家老たちが東京に居を移して以降、変化が見られた。デカンショ節に歌われる「丹波篠山 山家の猿が 花のお江戸で 芝居する♪」はこの頃のことを歌い込んだものといわれる。さらに明治31(1898)年、篠山出身の学生たちが旧制一高(現在の東京大学)の学生にデカンショ節を伝えたことでその存在は全国各地に広まった。明治中頃～大正にかけてデカンショ節は、書生節として全国を駆け巡る一方で、篠山城や八上城などの文化遺産や黒大豆や栗などの産物などふるさとへの思いを刻みこんだ歌詞が登場し、郷土色豊かな民謡になっていった。戦後になると、各地区で行われていた盆踊りが統一され、民謡デカンショ節と踊りが一体化。昭和28(1953)年に第1回デカンショ祭が開催されて以降は、祭の規模が拡大し、兵庫県を代表する夏祭りとなった。

デカンショ節は、各時代背景が歌われた時代絵巻であり、ふるさとの記憶である。デカンショ節を歌う人々は、先人がいかに地域の文化遺産や産物を大切に思い、誇りにしていたかを知る。そうして歌を通して共通の風景を目にし、過去と未来を繋げていくのである。

CULTURAL PROPERTIES

構成文化財 5選

絶対行きたい！感じたい！

かつて城下町として栄えた丹波篠山。この地は江戸時代に興った民謡を起源とするデカンショ節によって地域の風土や名所、名産品などが現代まで歌い継がれている。民謡の世界そのままのふるさとの原風景を継承する代表的な五つの文化財を巡る。

デカンショ節
でかんしょぶし

民謡から学生歌を経て歌い継がれるふるさとの唄

江戸時代の民謡にはじまる「デカンショ節」は、明治時代に篠山出身の遊学生から旧制一高（現在の東京大学）の学生に伝わったことを機に、多くの学生や若者に愛唱され全国に広まった。天下普請（てんかぶしん）の篠山城や、特産物である丹波黒大豆、日本の酒造技術の礎となった丹波杜氏の姿など数多くの歴史文化関連資産が歌詞に登場し、有形と無形の文化を今に伝える。

篠山城跡
ささやまじょうあと

市民の熱意で復原された篠山市のシンボル的存在

デカンショ節「並木千本　咲いたよ咲いた　濠に古城の　影ゆれて♪」ほか、多くの歌詞に登場する篠山城跡は、徳川家康が慶長14（1609）年に築いた城である。昭和時代に大書院が焼失してしまったが、平成12（2000）年に復元された。現在は、三の丸跡がデカンショ祭の主会場となっている。🚃JR篠山口駅からバス乗車「二階町」下車。徒歩約3分

068　日本遺産　● JAPAN HERITAGE

篠山市篠山伝統的建造物群保存地区

ささやましささやまでんとうてきけんぞうぶつぐんほぞんちく

城下町ならではの町割りを
色濃く残す地域

デカンショ節「風が涼しい 京口川原 蛍飛び交う 夕涼み♪」と唄われる京口川原。その保存地区内の商家町と隣接する場所では、古くからデカンショ祭りの起源と伝わる盆踊りが行われていた。篠山城跡を中心とし、武家町や商家町の町割りを残すなど、歴史的風致を伝えている。🚩JR篠山口駅からバス乗車「二階町」下車すぐ

丸山集落

まるやましゅうらく

現役として使われる農家民泊の地

丹波篠山には、デカンショ節で「丹波篠山 山奥なれど 霧の降るときゃ 海の底♪」と歌われる情景がある。それが丸山集落だ。篠山城下から約3キロメートル北側に位置する多紀連山山麓の集落で、その景観の特徴は、12軒の旧茅葺民家にある。傾斜を生かし石積みと一体になった戌亥蔵（いぬいぐら）と築地塀に囲まれ、妻入りや中門造りの茅葺き民家が今も現役として残る他、3棟の民家が農家民泊（オーベルジュ）として活用されている。

篠山市福住伝統的建造物群保存地区

ささやましふくすみでんとうてきけんぞうぶつぐんほぞんちく

旧山陰道の要衝地に開かれた宿場町

デカンショ節「夜霧こめたる 丹波の宿の 軒におちくる 栗の音♪」の宿が宿場を指すものかは定かではないが、江戸時代、旧山陰街道が貫く福住は、本陣が置かれ宿場町として賑わった。宿場町に連なる茅葺き農家の集落は、福住の宿場を補完する役割を担ったと考えられる。🚩JR篠山口駅からバス乗車「福住」下車

構成文化財　CULTURAL PROPERTIES

もっと行きたい！感じたい！

小田垣商店（店舗他9件）🏠
おたがきしょうてん

デカンショ節「丹波篠山お茶栗さんしょ　野には黒豆　山の芋♪」と唄われる篠山の特産物の一つである黒豆（黒大豆）を扱う小田垣商店は、塗屋づくりの重厚な外観を見せ、18世紀後期の老舗商店の屋敷景観をつくっている。

青山歴史村 🏠📖
あおやまれきしむら
（旧澤井家長門、青山文庫、
　丹波篠山藩「青山家」古文書、大学衍義補版木他）

デカンショ節「論語孟子も　読んでは見たが　酒をのむなと　書いてない♪」に唄われる古典は、青山歴史村（旧青山家別邸）に残る三種類の版木を篠山藩が翻刻したもの。漢学書関係の版木は全国的に珍しい。漢籍・歴史・地誌などの所蔵品は、学問を尊んだ篠山藩の気風を今に伝える。

王地山稲荷社本院 🏠
おうじやまいなりしゃほんいん

デカンショ節「花のお江戸で平左衛門が　天下無敵の勝名乗り♪」の唄に登場する平左衛門は、篠山藩の力士が江戸両国の大相撲で連敗していた時に現われた力士で、連戦連勝した。そこで調べたところ、全員が領内のお稲荷さんの名前だったという伝説がある。

鳳鳴酒造（主屋他8件）🏠
ほうめいしゅぞう

デカンショ節「酒は呑め呑め　茶釜でわかせ　お神酒あがらぬ　神はない♪」で、酒を造り続ける造り酒屋の一つが鳳鳴酒造。築210余年の主屋（しゅおく）は街路に面したむくり屋根の切妻造り、つし2階で、店舗も兼ねている。

八上城跡 🏠
やがみじょうあと

デカンショ節「島と浮かぶよ　高城山が　霧の丹波の　海原に♪」と唄われる八上城跡は、高城山に本城がある。織田信長の丹波攻略の主戦場であり、また近世城郭篠山城と対比される城として、日本城郭史上貴重な遺構でもある。

丹波立杭窯（作窯技法） たんばたちくいかま（さくようぎほう）

デカンショ節「嫁がほしゅうて　轆轤（ろくろ）を蹴れば　土はくるくる　壺になる♪」と唄われる丹波焼は日本六古窯の一つ。窯元の大半は家内制で、現在約60軒の窯元が丹波焼を生産している。最古の登り窯は長さ47メートルにもなる。

旧安間家住宅（現武家屋敷安間家史料館） きゅうあんまけじゅうたく

デカンショ節「丹波篠山鳳鳴の塾で　文武きたえし　美少年♪」と唄われる鳳鳴の塾（現県立鳳鳴高等学校）は、藩校振徳堂を前身とする。安間家は藩主・青山家の家臣で、振徳堂にて和算の指導にあたり学問の振興に努めた。

西尾家住宅（主屋他10件） にしおけじゅうたく

デカンショ節「酒は飲め飲め茶釜でわかせ　お神酒あがらぬ　神はなし♪」に見える丹波杜氏のうち、西尾家はその技術をもって江戸時代から篠山藩御用達として酒造業を営んだ。享保18（1733）年建造の主屋を核とし、旧山陰街道の街道景観を今に伝える。

古丹波コレクション こたんばこれくしょん

丹波古陶館に保管されている当地の古い焼物。312点が県指定文化財となっており、一般公開されている。古丹波の歴史は平安時代にまでさかのぼり、登り窯の導入によって陶工たちの技術は一層花開いた。白、黒、灰、鉄などの釉薬の掛け合わせによる多彩な文様が特徴的である。

丹波杜氏 たんばとうじ

デカンショ節「灘の名酒は　となたがつくる　おらが自慢の　丹波杜氏♪」と歌われる丹波杜氏は、古くから名声が聞こえ、その歴史は宝暦年間にさかのぼる。昭和の初期には杜氏が約780人、蔵人を合わせると約4100人が海外を含む各地で活躍したが、現在は杜氏が40人、蔵人約130人となっている。

日本遺産 DATA

「丹波篠山 デカンショ節 －民謡に乗せて歌い継ぐふるさとの記憶」

- ◆ **分類** 地域型
- ◆ **自治体** 篠山市（兵庫県）
- ◆ **問い合わせ先**
  篠山市政策部 創造都市課
  079-552-5106　079-552-5665
  sozotoshi_div@city.sasayama.hyogo.jp
  〒669-2397 兵庫県篠山市北新町41

日本国創成のとき
～飛鳥を翔た女性たち～

シリアル型
Serial type

国づくりの原動力となった女性たち

　飛鳥時代は、古代における一つの転換期といえる。日本初の女帝である推古天皇をはじめ複数の女帝が誕生し、彼女たちは女性ならではの豊かな感性のもとに国づくりを行った。

　推古天皇は古来の神々が宿る自然と対する巫女（シャーマン）でありながら、仏教の興隆にも力を注ぎ、神仏が調和する国づくりを目指した。また、彼女は国内だけでなく海外にも目を向け、初めて東アジア世界と正面から向き合っている。このような女性ならではの気質は、推古天皇から一代置いて即位した皇極（斉明）天皇に受け継がれた。天皇であり巫女でもあった皇極天皇は雨乞いなども行っており、奥飛鳥には、女帝が雨乞いをしたという伝承がある。一度退いた後、斉明天皇として再度即位をした女帝は、飛鳥の開発を牽引した。この時造られたのが百済大寺や飛鳥板蓋宮などで、現在も当時の名残が遺跡や景観として残っている。

　推古・皇極（斉明）天皇によって進められた国づくりは、持統天皇と夫の天武天皇の時代に完成する。持統天皇は、女性が本来持つ神仏と共感する巫女的な要素と、内側に秘めた強い力を国づくりの原動力に「藤原京」を完成させ、大宝律令を制定。「日本国」を誕生させたのである。

文化や宗教でも発揮された「女性力」

　女性たちの活躍は政治の世界に留まらず、宗教や文学においても顕著であった。実は日本において仏教興隆の先駆者となったのは、11歳で出家した善信尼と呼ばれる女性である。彼女は戒律の法を学ぶべく百済に渡り、帰国後は多くの女性を尼僧として得度させた。その影響力を見るに、彼女には古代の女性が持つ巫女的な要素が少なからず関係したのではなかろうか。

　また、日本最古の和歌集である『万葉集』には、持統天皇や額田王など、多くの女性歌人たちの歌が収録されている。これは実に新進的なことだ。というのも、古代中国においては、男性が女性の立場に身を置いて詩歌を詠むことはあっても、女性自身が歌を詠み、文化の担い手となることはなかった。その点、女性の詩歌が詠み継がれていることから、当時が女性の時代であったことがわかる。

　女性たちの力によって新しい形の政治や宗教、文化が産み出された古代の日本。飛鳥の遺跡や景観を眺めれば、かつての日本の姿と凛々しい女性たちの姿が目に浮かんでくる。

CULTURAL PROPERTIES

構成文化財 5選

絶対行きたい！感じたい！

日本国の礎を築いた飛鳥時代は、女性たちによって導かれた時代でもあった。女帝や尼僧など多くの女性の活躍によって、新しい日本国が生まれたのである。激動の飛鳥時代を力強く生き抜いた女性たちの姿が想起される五つの文化財を取り上げる。

伝飛鳥板蓋宮跡
でんあすかいたぶきのみやあと

日本形成の礎となった政治の舞台

舒明天皇の飛鳥岡本宮、皇極天皇の飛鳥板蓋宮、斉明天皇の後飛鳥岡本宮、持統天皇の飛鳥浄御原宮が建てられた跡地。飛鳥板蓋宮では、大臣である蘇我入鹿が暗殺された乙巳（いっし）の変が起きた。その後はここから大化の改新に伴うさまざまな政策が発布されるなど、日本国の形成に寄与した歴史的な場所となった。

📍 近鉄橿原神宮前駅または飛鳥駅からバス乗車「岡天理教前」下車。徒歩約5分

高松塚古墳壁画
たかまつづかこふんへきが

極彩色の女性たちが描かれる華やかな壁画

高松塚古墳は、7世紀末から8世紀にかけて築造された小さな円墳である。石室の西壁には、緑・黄・紺・朱など極彩色で描かれた「女子群像」がある。「飛鳥美人」のニックネームでも知られるこの壁画には、団扇や如意などの威儀具を持つ女性たちが描かれており、当時、天皇に奉仕していた采女の姿が具体的にわかる貴重な資料である。

📍 近鉄飛鳥駅から徒歩約10分

高取城猿石

たかとりじょうさるいし

女帝がつくらせたおもてなしオブジェ

高取城の二の門の外の分岐点にある、猿を思わせる顔の石造物。斉明天皇がおもてなしの場を盛り上げるために造らせたオブジェであるといわれている。その後、中世に入ってから高取城を築城する際に石垣として転用されそうになったが、結界石として現在の場所に安置された。🚩近鉄壺阪山駅から徒歩約40分またはバス乗車

藤原宮跡

ふじわらきゅうせき

中央集権国家を生み出した女帝の宮殿

都城・藤原京の宮殿跡。大極殿や朝堂院など儀式や政治を行う施設と、天皇の住まいがあった。天武天皇が律令制に基づく中央集権国家の確立を目指して建設を開始し、持統天皇がその遺志を継いで中国の都城制(とじょうせい)を模した日本初の本格的な都城を完成させた。🚩近鉄耳成駅または畝傍御陵前駅から徒歩約30分

飛鳥水落遺跡

あすかみずおちいせき

帝による完全な支配のため、時間の概念を生み出した装置

飛鳥寺の西側に位置する正方形建物の遺跡。基壇内部に引き込んだ水を基壇上へ汲み上げる「漏刻」という水時計が設置されていた。この装置が時間の概念を生み、時間と空間を支配する天皇を頂点とした政治体系を確立した。🚩近鉄橿原神宮前駅からバス乗車「飛鳥」下車すぐ

構成文化財 CULTURAL PROPERTIES
（橿原市・高取町編）

もっと行きたい！感じたい！

◆ 高取町編

波多甕井神社
はたみかいじんじゃ

女帝・推古天皇が「薬狩り」を行ったと『日本書紀』に記述される地。薬狩りとは、男性が鹿を狩る傍ら、女性たちが薬草を摘む行事で、端午（たんご）の節句の起源ともされる。神社付近の羽内（ほうち）遺跡には大型の建造物の遺構が検出され、薬狩りとの関連が指摘されている。

斉明天皇陵（越智崗上陵）
さいめいてんのうりょう（おちのおかのえのみささぎ）

中大兄皇子の母である斉明天皇と娘の間人皇女（はしひとのひめみこ）の合葬墓。さらに斉明天皇の孫・大田皇女（おおたのひめみこ）の墓が陵前につくられており、死してなお三代続けて傍にいる、母子の愛を感じさせる場所だ。

光永寺人頭石
こうえいじじんとうせき

高取町光永寺の前庭にある石造物。閃緑岩（せんりょくがん）に大きな鼻と耳そして前に突き出した顎が特徴的な人の横顔を彫る。75ページに取り上げた猿石同様、斉明天皇がおもてなしの場を盛り上げるために造らせたオブジェと考えられている。

橿原市

高取町

◆ 橿原市編

岩船 — いわふね

東西約11メートル、南北約8メートルの謎の巨大石造物。横口式石槨（せっかく）の未完成品や占星台などの説があるが、付近の牽牛子塚古墳の石槨（棺の外棺）と似ていることから、斉明天皇のために造られた石槨という説もある。

丸山古墳 — まるやまこふん

6世紀後半に築かれた、全長約310メートルの超大型前方後円墳。『日本書紀』の推古20（612）年の記事に見られる、推古天皇が、父・欽明（きんめい）天皇の陵墓へ母・堅塩媛を追葬した古墳といわれている。

大和三山 — やまとさんざん

香具山・畝傍山・耳成山の三山から成る大和の景勝地。額田王を巡る弟・大海人皇子（おおあまのおうじ）との三角関係を三山に喩えた中大兄皇子（なかのおおえのおうじ）の歌に代表されるように、万葉集で多くの和歌の題材となった。

畝尾都多本神社 — うねおつたもとじんじゃ

延命の神といわれる哭澤女神（なきさわめのかみ）を祭神に祀る神社。境内には、高市皇子（たけちのみこ）の妃・檜隈（ひのくま）女王が夫の延命を願って詠んだ歌碑がある。夫を支える女性たちの信仰心が偲ばれる。

旧跡	本薬師寺跡（もとやくしじあと）	薬師寺の前身にあたる寺。天武9（680）年、天武天皇が妃・鸕野讃良（うののさらら）の病気平癒の祈願のために薬師如来を本尊とする寺の建立に着手したが、未完成のうちに崩御。夫の遺志を継いだ持統天皇によって完成した。
	植山古墳（うえやまこふん）	丸山古墳の東方に位置する長方形墳。若くして死去した竹田皇子（たけだのみこ）との合葬を願い、母である推古天皇が築造した。息子への母の愛情によってつくられた古墳。
	横大路（よこおおじ）	推古21（613）年に、推古天皇がつくらせた日本最古の官道。飛鳥と外交窓口であった難波津（なにわつ）を結び、この道を通って先進の文物や情報が飛鳥までもたらされた。
	下ツ道（しもつみち）	大和を南北に縦断し、北は平城京の朱雀大路（すざくおおじ）、南は紀路（きじ）と接続している直線道路。持統天皇が建設途中の藤原京を視察に訪れた際に通ったルートである。
	中ツ道（なかつみち）	下ツ道の東側で大和を南北に縦断する直線道路。大海人皇子（のちの天武天皇）と鸕野讃良（のちの持統天皇）が大津宮から移った際、中ツ道を使用したといわれている。
自然	深田池（ふかだいけ）	橿原神宮内にある約1万5000坪ほどの広大な池。推古天皇が大和に造営した7つの池の一つ畝傍池（うねびのいけ）であるといわれている。

日本国創成のとき〜飛鳥を翔た女性たち〜

構成文化財（明日香村編）
もっと行きたい！感じたい！
CULTURAL PROPERTIES

酒船石遺跡（亀形石槽）
さかふねいし（かめがたせきそう）

伝飛鳥板蓋宮跡の東方の丘陵にある遺跡で、謎の石造物・酒船石で知られる。『日本書紀』に記されている斉明天皇の「両槻宮（ふたつきのみや）」や「石の山丘」がこの場所とされており、女帝自らが水を用いた天皇祭祀を行っていた。

豊浦宮跡
とゆらのみやあと

推古天皇の最初の宮殿。わが国初めての女帝が誕生した地は蘇我（そが）氏の邸宅の一部を転用したといわれている。のちに豊浦寺となったものの廃絶し、現在は向原寺（こうげんじ）が建っている。

自然	女淵（めぶち）	飛鳥川源流域の細谷川にある淵。皇極天皇が雨乞いの儀式をした「南淵の河上」の場所だといわれている。
	飛鳥川（あすかがわ）	明日香村南東部から大和川へ流れ込む川。飛鳥川は和歌の題材として多く用いられ、無常の世や男女の思いのたとえとして詠まれた。
旧跡	山田道（やまだみち）	磐余（桜井市南部）と飛鳥を結ぶ約8キロの幹線道路。推古天皇が派遣した遣隋使に伴われて、隋の裴世清が通ったとされる。
	芋峠（いもとうげ）	藤原宮から飛鳥川を遡り吉野へ至る古道の峠。持統天皇は、天武元（672）年の壬申の乱の際に夫・大海人皇子（のちの天武天皇）と通っており、夫の死後は面影を求めて度々芋峠を越えて吉野を訪れている。
	狂心渠（たぶれごころのみぞ）	斉明天皇が宮殿の東山への石垣築造にあたり、運搬用に掘らせた運河。無謀とも思える工事が行われたため、民は狂心渠と名付け非難した。
	雷丘東方遺跡（いかづちのおかとうほういせき）	推古天皇が25年間居住した小墾田宮跡。遣隋使の報告をもとに、東アジア世界を意識して造営された本格的な宮殿。
	嶋宮跡（しまのみやあと）	草壁（くさかべ）皇子の宮殿の跡。蘇我馬子の屋敷があったが、蘇我氏滅亡後に没収。官の所有となり、天武元（672）年の壬申の乱直前には、大海人皇子と鸕野讃良夫婦が立ち寄り、息子である草壁皇子に引き継いだ。
	石神遺跡（いしがみいせき）	須弥山石（しゅみせんせき）や石人像が出土した遺跡。斉明天皇の治世には、蝦夷や外国人使節をもてなし、服属儀礼や饗宴を催す迎賓館として使われた。
	飛鳥京跡苑池（あすかきょうあとえんち）	伝飛鳥板蓋宮跡に付属する日本初の本格的な宮廷庭園跡で、斉明天皇によって造られた、豪華な噴水や中の島などから、中国の都城文化の影響が強く表れている。

旧跡	飛鳥寺跡 あすかでらあと	日本で初めての本格的な古代寺院。善信尼が普及させた仏教が、日本で初めて結実した場所である。	
	飛鳥稲淵宮殿跡 あすかいなぶちきゅうでんあと	飛鳥川の左岸にある7世紀の建造物の遺跡。難波から飛鳥へ遷都したときに建てられ、皇極天皇の時代には飛鳥川辺宮として一時的に利用されたと見られる。	
	飛鳥川上坐宇須多伎比売命神社 あすかのかわかみにいますうたきひめのみことじんじゃ	宇須多伎比売命 (うすたきひめのみこと)、応神天皇、神功皇后を祭神とする神社。飛鳥川上流にあり、皇極天皇の雨乞いにちなむ南無天踊りの絵馬が残されている。	
	坂田寺跡 さかたでらあと	日本初の僧である善信尼の父・司馬達等が建てた古代寺院。達等は仏教を信仰する渡来人で、蘇我馬子の依頼を受けて娘の善信尼ら3人の女性を出家させ、日本へ仏教を普及させた。	
	天武・持統天皇陵 (檜隈大内陵) てんむ・じとうてんのうりょう(ひのくまのおおうちのみささぎ)	藤原京を造営した天武天皇と妃の持統天皇が合葬された墓。持統天皇は、夫亡き後も国づくりに邁進し、同じ御陵に埋葬された。力を合わせて同じ事業をやり遂げた夫婦愛の結実的場所。	
	欽明天皇陵 (檜隈坂合陵) きんめいてんのうりょう(ひのくまのさかあいのみささぎ)	欽明天皇の墓。娘の推古天皇が母・堅塩媛も追葬したと考えられており、亡き両親を思う娘の愛情が偲ばれる。	
	牽牛子塚古墳・越塚御門古墳 けんごしづかこふん・こしつかみことごふん	斉明天皇の御陵であると考えられている八角墳。親子三代が共に眠る。	
	吉備姫王墓 きびひめおうのはか	欽明天皇陵の西側に存在する8メートルほどの小円墳。皇極天皇の母・吉備姫王の墓といわれている。付近には斉明天皇がつくらせた猿石が4体ある。	
文化	南無天踊り なもでおどり	皇極天皇の雨乞いを継承する雨乞いの神事。明日香村の稲淵地区では現在も行われている。	

明日香村

川原寺跡
かわらでらあと

7世紀の前半、斉明天皇の川原宮跡に、息子の天智天皇が母のために建立した寺院。亡き母を思う息子との親子愛を感じさせる。

紀路(巨勢路)
きじ(こせじ)

下ツ道の南への延長で、金剛山麓を西進し紀伊国（紀ノ川河口付近）へと続く古代道路。斉明・持統天皇などは、紀路を通り白浜の牟呂の湯へ湯治に訪れていた。

日本遺産DATA

「日本国創成のとき ～飛鳥を翔（かけ）た女性たち～」

◆ 分類　シリアル型

◆ 自治体
橿原市、高取町、明日香村（奈良県）

◆ 問い合わせ先
明日香村教育委員会文化財課
☎ 0744-54-5600　📠 0744-54-5602
✉ bunkazai@tobutori-asuka.jp
〒 634-0141
奈良県高市郡明日香村大字川原91-3

六根清浄と六感治癒の地
～日本一危ない国宝鑑賞と世界屈指のラドン泉～

地域型 Local type

修験道と温泉の結びつき

　ときは飛鳥時代、伯耆国と呼ばれる国の山中に修験道の聖地が生まれた。修験道の開祖である役小角が、三枚の蓮の花びらを空に投げ、「神仏のゆかりのあるところへ落としてください」と願ったところ、うち一枚が伯耆国の三徳山へ舞い降り、行場が開かれたという。その後、慈覚大師が三徳山の山下に堂宇を建立し、三佛寺が置かれたことで天台密教の道場として隆盛を極めた。

　聖地たる三徳山へ至る道は、東の因幡ルート、南の美作ルート、西の出雲ルートの三本が存在する。そしてそれぞれの道中には温泉があり、三徳山と温泉が密接に関わっていたことがわかる。なかでも出雲ルートで経由する三朝温泉には、三徳山と温泉の強い結びつきを窺わせる「白狼伝説」という伝説がある。源義朝の家臣である大久保左馬之祐が、主家再興の祈願のため三徳山に向かう道中、楠の根元に年老いた白い狼の姿を見た。「参詣の道中で殺生はいけない」と見逃したところ、左馬之祐の夢枕に妙見菩薩が立ち、白狼を助けた礼にと源泉の在り処を教えたという。こうして見つかったのが、現代に伝わる株湯である。かつて「悪霊がいる祟りの湯」と恐れられた時期もあったが、悪霊は三徳山に安置され、薬師如来を三朝温泉の守護仏として祀って以降、湯治客が殺到することとなった。

身を清め、身を癒す

　三徳山を詣でるにあたり、参詣者は目（視覚）・耳（聴覚）・鼻（嗅覚）・舌（味覚）・身（触覚）・意（意識）を清める「六根清浄」を行わなくてはならない。三朝温泉の湯で身を清め、心を整えてから心身の準備を済ませ、三徳山へ入る。その道中にある「行者道」では、かつての修験者たちの厳しい修業の一端が見て取れる。行者道は宿入橋から始まり、カズラ坂やブナ林の願掛けの石段や「馬の背・牛の背」を這いつくばって登る難所だ。そうして「文殊堂」や「地蔵堂」など多くの行場を経て自然界との一体感を覚えながらたどり着くのが、国宝・投入堂である。

　三徳山の南側にあたる南座にも、石造物群や行者の墓地など、かつての行場が各所に残っており、三徳山全山が修験道の聖地であった事実を物語る。これら先人が形作った修験道の聖地において、行を重ね、六根清浄を終えて山を下り、三朝温泉の湯を飲み、浸かり、自然の力を全身に授かることで、六感を癒す。これを「六感治癒」という。三徳山で「六根」を清め、三朝温泉で「六感」を癒す作法は、人と自然が融合する日本特有の自然観を特徴的に示しているといえる。

CULTURAL PROPERTIES

構成文化財 5選

絶対行きたい！感じたい！

修験の聖地・三徳山の「六根清浄」と、温泉の効能によって得られる「六感治癒」。ここで取り上げる文化財は、上の二つの大きなテーマを巡る旅において欠かすことのできない代表的な五つである。

三仏寺奥院（投入堂）
さんぶつじおくのいん（なげいれどう）

断崖絶壁に建てられた最奥の寺院

三仏寺の最奥にある最終到達地で、「六根清浄」の核となる「眼」を代表する堂宇。垂直に切り立った絶壁の窪みに建つ姿は、見る者を圧倒し「六根清浄」満願が成就する。建築方法は今もって謎とされるが、一説として役行者が法力でお堂を手のひらサイズに縮めて断崖絶壁にある岩窟に投げ入れた、という由来が語られる。 JR倉吉駅から路線バスで約40分

三徳山行者道
みとくさんぎょうじゃどう

六根清浄のために通る峻険な山道

三徳山の麓の三仏寺から奥院まで伸びる行者道。「目・耳・鼻・舌・身・意」の六根の感覚すべてを研ぎ澄まして歩くことで、「六根清浄」を清めることができる。途中には、這うように斜面を登るカズラ坂、鎖場を登るクサリ坂など、急峻な登山道が続く。終点の投入堂を目指し、多くの参詣者が通る道。 JR倉吉駅から路線バスで約40分

三朝温泉 🏛 ──────── みささおんせん

科学的に効能が証明された
六感治癒の温泉

三徳山参拝の拠点となった温泉。源義朝の家臣・大久保左馬之祐が発見し、温泉地となった。三徳山の修験道においては「観・聴・香・味・触・心」の六感を治癒する場所とされる。ラジウムが分解されて生じるラドンを身体に浴びることによって新陳代謝が活発になり、免疫力や自然治癒力が高まるなど、科学的な効能も証明されている。👣 JR倉吉駅から路線バスで約20分

株湯 🏛 ──────── かぶゆ

三徳山の麓にできた原初の三朝温泉

大久保左馬之祐が妙見菩薩に教わった湯で、三朝温泉の起源とされる共同浴場。「六感治癒」のうち、「香」と「味」を代表する。「湯の香」を吸引することで抗酸化機能が向上し、老化や生活習慣病の予防になるといわれている。また「飲泉」は胃液膜の血液量を増加させ、慢性消化器疾患・慢性気管支炎・胃腸病などに効果があるとされる。温泉街の川原にある「河原風呂」も同様の効能が望める共同浴場だ。
👣 JR倉吉駅から路線バスで約20分

三朝のジンショ ◆ ──────── みささのじんしょ

巨大な綱を引き合う、
人と自然が融合した独特の行事

三朝温泉を代表する行事で、「六感治癒」の「観」にあたる。山から切り出した藤カズラで作られた胴周り1.5メートル、全長150メートルもの大綱を、東西に分かれた町民が引き合う。東が勝てば豊作、西が勝てば商売繁盛といわれる。人と自然が融合した独特な行事として国の重要無形民俗文化財に指定されている。
👣 JR倉吉駅から路線バスで約20分

構成文化財 CULTURAL PROPERTIES

もっと行きたい！感じたい！

三徳山
みとくさん

鳥取県東伯郡三朝町と鳥取市鹿野町の境付近に位置する標高899.7メートルの霊山。「六根清浄」を行う舞台となる山岳修験の霊場であり、原生林に囲まれた急峻な地形のなかに、独特な意匠を持つ寺社建築が点在する。

三仏寺本堂
さんぶつじほんどう

山の中腹にある本堂。行者道の起点となっており、参詣者はここから奥院へ向かう。出発前に線香を供える際、神木と称される石楠花（しゃくなげ）の香りに包まれることから、「六根清浄」の「鼻」を代表する施設になっている。

三徳山火渡り神事
みとくさんひわたりしんじ

三徳山の恒例行事「炎の祭典」における、採燈護摩大法要（さいとうごまだいほうよう）でのクライマックスに見られる修験道の秘術。火の上を素足で歩くことで、身体健康・病気平癒など厄除の利益が得られるとされる。

木屋旅館
きやりょかん

「六感治癒」の「触」と「心」を代表する旅館。明治元（1868）年創業の老舗で、木造3階建ての大正期の姿をよく残している。入浴以外の施設として源泉熱によるオンドルがあり、身も心も温まる古きよき温泉文化を代表する施設の一つとして知られる。

三仏寺文殊堂

安土桃山時代に建立されたといわれる中腹の堂宇。難所クサリ坂にあたり、「六根清浄」の「身」を代表する。

さいとりさし

三朝温泉に伝わる座敷芸。「六感治癒」の「聴」「触」にあたる。三徳山を舞台に、鷹狩りの餌にする鳥を捕る人の様子を、狂言風に踊ったことがはじまりとされる。三徳山との関係が民衆に浸透していた事実を示す文化だ。

旧跡	三仏寺鐘楼堂	重さ約3トンもの鐘が備え付けられている堂宇。参拝者は、奥院参拝前に鐘を撞くことになっており、「六根清浄」の「耳」を代表する。
旧跡	三徳山参詣道沿いの道標	三朝温泉から三徳山へ向かう参詣道に沿って設けられた道標。ほかにも鳥居や石仏があり、かつて住民たちによって設置された。三徳山と温泉のつながりを示し、地元の信仰心を裏付ける存在である。
文化	精進料理と三徳豆腐	三徳山の山内で供される精進料理と、三徳山の水で作られた豆腐。食べることで体内を清らかにするといわれ、「六根清浄」の「舌」を代表する。
美術	木造薬師如来坐像	三朝温泉街の中心に位置する薬師堂に安置された仏像。かつては三徳山にあったが、効能ある温泉に感謝した住民たちが、温泉街に遷した。地元では「湯薬師さん」と呼ばれ親しまれている。

日本遺産 DATA

「六根清浄と六感治癒の地
～日本一危ない国宝鑑賞と世界屈指のラドン泉～」

◆ 分類　地域型

◆ 自治体
三朝町（鳥取県）

◆ 問い合わせ先
三朝町教育委員会社会教育課
☎ 0858-43-3518　📠 0858-43-0647
✉ kyouiku@town.misasa.tottori.jp
〒 682-0195　鳥取県東伯郡三朝町大瀬999番地2

津和野今昔 〜百景図を歩く〜

地域型 Local type

幕末の津和野の姿を切り取った100枚の絵

　江戸時代の津和野藩では、お抱えの絵師に津和野の四季折々や名所、風習などを襖絵などに描かせ、伝統文化である煎茶とともに藩士や賓客をもてなしたという。その作品群のうち、亀井家14代当主・茲常が、最後の藩主である亀井茲監の業績を「以曽志乃屋文庫」としてまとめるために栗本里治に依頼したのが、『津和野百景図（以下「百景図」）』である。

　里治は、藩主の側に仕えて茶礼と茶器を扱う仕事に務める一方で、絵師に師事し、藩内の名所や風俗、食文化などをスケッチ。依頼を受けてから3年8か月後、100枚の絵と詳細な解説を加えた「百景図」を完成させた。100枚の絵のうち、御殿を含めて津和野城が11枚あり、青野山（妹山）は3枚、他の絵の借景にも8枚が描かれている。

　また、「百景図」は、徳川慶喜の側近として活躍した明治の啓蒙思想家・西周や、明治の文豪・森鷗外が藩校の養老館で学問に励んでいた時代が背景となっている。彼らは日課として、コイやウグイ（百景図では「イダ」）の群れる津和野川に沿う道を下り、殿町通りの藩校養老館へ通っていた。その道中にあった御殿の建物や、鷺舞神事が奉

『津和野百景図』の一部（栗本里治画）。

納される弥栄神社は、今も当時の姿のまま残っている。

　日々、学問に打ち込む彼らの楽しみは伝統的な年中行事だった。春は鷲原八幡宮の流鏑馬神事、夏は祇園祭にあわせて行われる弥栄神社の鷺舞、秋の紅葉狩りや天神祭りの神輿渡御など、一年を通して開催される祭事の一日は無礼講となり、その日ばかりはおおいに羽目をはずしたことだろう。

タイムスリップできる場所

　亀井家は明治時代に拠点を東京に移したが、後に津和野に別邸を設け、町の名士を招いては交流に努めた。そして「百景図」を見せて幕末の津和野の町の美しさを自慢したという。その甲斐あってか、国鉄の開通や国道・産業用道路の新設など、開発事業が進められる中でも、名士たちの努力によって、「百景図」に描かれた景色や風習の半数程度が残せたのである。

　現在、津和野を訪れると、「百景図」の世界にタイムスリップしたような気持ちになるだろう。西周や森鷗外らが見ていた風景そのものの町並みを巡ることができるほか、「百景図」の絵を通し、当時の自然や文化を直接肌で感じられる。そんな稀有な場所が、ここ津和野なのである。

CULTURAL PROPERTIES

構成文化財 5選

絶対行きたい！感じたい！

美しい自然に囲まれた城下町、津和野。ここでは、栗本里治が描いた「百景図」の世界がそのままの姿で受け継がれている、城下の名所と代表的な文化に焦点を当てた五つの文化財を、「百景図」とともに取り上げる。

旧津和野藩家老多胡家表門・藩校養老館（『殿町』）

きゅうつわのはんかろうたごけおもてもん・はんこうようろうかん（『とのまち』）

江戸時代の面影を残す津和野城下のメインストリート

津和野の町のメインストリート・殿町通りに面して建つ幕末の建築物。旧津和野藩の筆頭家老・多胡（たご）家屋敷の表門の向かいに藩校養老館跡が現存する。殿町通りの約13メートルの道幅は、江戸時代以来変わらない。道沿いの掘割りに植えられた花菖蒲と群遊する錦鯉が、見る人を幕末の世界へ誘う。 JR津和野駅から徒歩約9分

津和野城跡（『三本松城』）

つわのじょうあと（『さんぼんまつじょう』）

近世津和野の中心にそびえた雄大な山城

津和野町の南端、標高370メートルの山上にあった城跡で、三本松城の別名を持つ。永仁3（1295）年に吉見氏によって築城されて以降、吉見氏が319年間、坂崎氏が16年間、亀井氏が225年間、城主となった。本丸や天守台のほかに出丸を有する雄大な城だったが、現在は階段状に連なる雄大な石垣が当時の面影を留める。 JR津和野駅から車で約5分。リフト乗車

弥栄神社(『弥栄神社』) やさかじんじゃ(『やさかじんじゃ』)

川の氾濫から城下を守る神社

津和野大橋の西方に鎮座する神社で、橋の西詰の大鳥居をくぐって境内に入る。もとは城の鬼門鎮護のため、京都八坂神社から太鼓谷(たいこだに)の山上に勧請されたが、津和野川氾濫によって新しく開発された田畑の安泰を祈願し、現在地に遷座された。亀の甲と呼ばれる強固な堤防が周辺一帯を氾濫から守っている。

🦶 JR津和野駅から徒歩約10分

弥栄神社の鷺舞神事(『祇園会鷺舞』) やさかじんじゃのさぎまいしんじ(『ぎおんえさぎまい』)

古来の姿を継承する鷺舞

毎年7月20日と27日に行われる弥栄神社の神事。2羽の鷺に扮した男たちが町内の各所を廻り、優雅な舞を行う。もとは京都の八坂神社で演じられていたもので、天文11(1542)年に津和野へ伝えられたといわれている。古来京都の伝統的な姿が最もよく継承されており、国の重要無形民俗文化財に指定されている。

鷲原八幡宮の流鏑馬(『鷲原のやつさ』) わしばらはちまんぐうのやぶさめ(『わしばらのやつさ』)

鎌倉時代を彷彿とさせる勇健な神事

鷲原八幡宮で開かれる流鏑馬神事。小笠原流に則って行われる。鎌倉時代の狩装束をつけた射手が「陰、陽」と叫びながら疾走する馬上から50センチ四方ほどの三つの的に向かって矢を射る。射手だけでなく、地元の若者から老人までが諸役として参加する。

🦶 JR津和野駅から車で約8分

津和野今昔 〜百景図を歩く〜

構成文化財 CULTURAL PROPERTIES

もっと行きたい！感じたい！

太皷谷稲成神社 🏛
たいこだにいなりじんじゃ

安永2（1773）年に七代藩主亀井矩貞（のりさだ）が城の鎮護と領民の安穏を願って、城山の太皷谷に京都伏見稲荷を勧請した神社。約1000本の鳥居が参道に並ぶ。失せ物（紛失物）発見にご利益があるとされ、中国・四国・九州の全域に信者を持つ。今日では商売繁盛の祈願に訪れる人が多い。

中島堰 🏛
なかじまぜき

津和野川に設置された堰。第14図『侯館前錦川のいだ』では、ここからイダ（ウグイ）を眺める人物が描かれている。絵図と同じく、津和野川には現在もウグイや津和野の象徴であるコイが泳いでおり、観光客の姿でにぎわう。

弥栄神社の大欅 ❄
やさかじんじゃのおおけやき

弥栄神社のご神木であるケヤキ。樹齢600年以上もあるといわれる古木で、町天然記念物に指定されている。「百景図」の第16図『弥栄神社』には、境内にそびえるケヤキが描かれている。

覚皇山永明寺 🏛
かくおうざんようめいじ

津和野駅近くの山裾にある曹洞宗寺院。歴代の津和野城主であった吉見氏、坂崎氏、亀井氏の菩提寺であったが、幕末に亀井氏が神道へ変わったため、明治時代以降は檀家制になった。境内には「森林太郎墓」と彫られた森鷗外の墓がある。

奴行列 ▶

やっこぎょうれつ

毎年11月下旬に旧城下町で催される、江戸時代の大名行列を再現した行事。亀井家が参勤交代をするにあたり、送迎の儀式としてはじまったとされる。当時の参勤交代や神社参拝、鴨猟などへの行幸の様子を再現する儀式として津和野の秋の風物詩となっている。

鷲原八幡宮流鏑馬馬場

わしばらはちまんぐうやぶさめばば

鷲原八幡宮にある流鏑馬神事専用の馬場。南北250メートル、東西30メートルと広大な敷地には3か所の的場を有する。鎌倉時代に整備されたといわれており、日本でただ一つ原型を留める横馬場形式の馬場として、県史跡に指定されている。

鷲原八幡宮

わしばらはちまんぐう

津和野城跡の山麓南西端に位置する神社。鎌倉時代に鶴岡八幡宮から勧請されたのち、応永12(1405)年、城や城下町の裏鬼門を守る守護神として現在地へ遷座された。永禄年間に建てられた本殿と楼門が現存しており、国の重要文化財に指定されている。

鷲原八幡宮の大杉

わしばらはちまんぐうのおおすぎ

鷲原八幡宮境内にあった愛宕神社跡へ向かう参道沿いに立つご神木。高さ40メートル、胴回り8.7メートルで、樹齢1000年以上と推定される。第37図『鷲原愛宕神社の大杉』には、数人の男たちが輪になって手つなぎで胴回りを一周する様子が描かれている。

田二穂鉱泉

たにほこうせん

津和野には津和野温泉をはじめ鉱泉が点在する。城の西側にある田二穂には、第45図『喜時雨崖(きじゅうがけ)』に描かれた鉱泉が当時の様子と変わらず、現在でも湧き続けている。

津和野神社 ― つわのじんじゃ

田二穂に鎮座する神社で、亀井家の初代津和野藩主・亀井茲矩を祀る。百景図に描かれた社殿は火災により消失したため再建されたものだが、参道の石段などは往時のままに残っており、地元の氏神として今も信仰されている。

喜時雨釜跡 ― きじゅうかまあと

城の西側にある瓦窯跡。嘉永（かえい）の大火によって津和野藩の御殿が焼失した際、良好な土が取れる場所に登り窯がつくられ、御殿の瓦が焼かれた。現在では随所で崩壊が見られるものの、当時のままの登り窯が残されている。

戦の大曲 ― いくさのおおまがり

天文23（1554）年の陶（すえ）氏による津和野攻めの際の主戦場跡。一帯は鴨の越冬地になっており、江戸時代は鴨狩の場であった。第51図『幾久鴨御猟場（いくひさのかもごりょうば）』では川辺に鴨が群生する様子が描かれている。

白糸の滝 ― しらいとのたき

津和野町高峯（たかみね）の山中にある滝。和泉（いずみ）式部の子・小式部（こしきぶ）の産湯の水として使われたという伝説がある。明治時代、ここに風穴が設けられ、養蚕が行われた。

茶臼山 ― ちゃうすやま

津和野城の南、津和野川と名賀川（旧神田川）の合流点にある標高276メートルの小山。城の南の守りとして、茶臼山出丸が築かれていた。8代藩主亀井矩賢が詠んだ和歌にも登場している。

自然	陶ヶ嶽（すえがたけ）	津和野城を眼下に見下ろす小山で、津和野城攻撃の際に陶晴賢（すえはるたか）が本陣を構えた場所と伝わる。
	雄滝・雌滝（おんだき・めんだき）	日原にある二つの滝。豪快な3段の雄滝と、優美な雌滝が対照的である。その姿を楽しみに藩主もここを遊覧したといわれる。
	青野山（あおのやま）	津和野城の対岸にある標高907メートルのお椀型の名山。柿本人麿（かきのもとのひとまろ）の歌に詠まれたほか、「百景図」にも青野山を主題に3枚、他の絵に8枚も登場した。
	高津川の鮎（たかつがわのあゆ）	第31図『左鐙（さぶみ）の香魚』のように、現在でも高津川では香魚（鮎）を多く捕ることができる。左鐙地区は平家の落人伝説が有名。
旧跡	山陰道（野坂峠越え）（さんいんどう のさかとうげごえ）	山口と石見を結ぶ旧山陰道で、津和野藩内は石畳が整備された。長門国（ながとのくに）との境に位置する野坂峠には、幕末の第二次幕長戦争の際、長州軍が大砲を構えた。幕府軍の目付を長州に引き渡した結果、城下が焦土と化す危機を免れた。
	庚申山（こうしんやま）	かつて庚申堂が建っていた城下町の南端。山陰道がすぐ傍を通り、城下との境を示す札守の箱が設置されていた。その頃の蔵の石垣が現存している。
	高崎亀井家跡（こうさきかめいけあと）	江戸時代の津和野藩主・亀井家の分家の屋敷跡。周囲を囲っていた500メートルほどの石垣や庭の滝組石などが残る。
	鳴滝・鳴滝神社（なるたき・なるたきじんじゃ）	JR山口線の線路近くにある神社とその奥の滝。鳴滝は古くから信仰の対象とされており、付近にはかつて神社だけでなく、修験寺や文殊院もあった。
	津和野城外堀（つわののじょうそとぼり）	雨水によって度々津和野川が氾濫をしたため、寛文年間（1661～1673）に藩主亀井氏が現在の大橋から横掘までの約1キロメートルを外堀として整備した。現在はその大部分は宅地となっているが、東側の一部が側溝として残されている。
	松林山天満宮（しょうりんざんてんまんぐう）	城下の北東、鬼門の位置に鎮座する神社。江戸時代初期に主水畑の整備を指揮した多胡家の寄進で建てられた。
文化	松林山天満宮秋の大祭（しょうりんざんてんまんぐうあきのたいさい）	松林山天満宮の行事。町の男たちが神輿を担ぎながら城下を練り歩き、水の神様という所以から、濡れながら津和野川を横断する。
	蛍祭り（ほたるまつり）	第74図『寺田の蛍狩』のように、津和野川の上流部では現在も初夏に蛍を見ることができる。
	山陰道（徳城峠越）（さんいんどう とくじょうげごえ）	津和野から日本海側へ通じる旧街道。徳城峠の最高地点からは、青野山や日本海を見渡せる。
	津和野踊（つわののおどり）	鳥取から伝わり、津和野で発展した念仏踊り。戦国武将・亀井茲矩が城攻めの一計として踊り手を敵城下へ潜入させ、敵が見物している隙に奇襲をかけて戦勝した故事にちなみ、覆面・白振袖・黒股引などの独特の衣装が見物。
文書	津和野百景図（つわのひゃっけいず）	明治から大正にかけて旧津和野藩士・栗本里治（格齋）が藩内の各所を巡り、名所や風俗を描いた絵画。絹本に岩絵具が用いられている。

日本遺産DATA

「津和野今昔～百景図を歩く～」

◆ **分類** 地域型

◆ **自治体**
津和野町（島根県）

◆ **問い合わせ先**
津和野町日本遺産センター
📞 0856-72-1901　📠 0856-72-1902
✉ kankou@town.tsuwano.lg.jp
〒699-5605 島根県鹿足郡津和野町後田口253番地

おすすめモデルコース

津和野町日本遺産センター ▶ 本町通り ▶ 弥栄神社 ▶ 太皷谷稲成神社 ▶ 城跡観光リフト ▶ 津和野城出丸 ▶ 津和野城本丸 ▶ 嘉楽園

尾道水道が紡いだ中世からの箱庭的都市

地域型 Local type

「海の川」と港町・尾道

　瀬戸内海に存在する尾道水道は不思議な場所だ。船に乗って進んでいくと、川を遡っているような感覚に陥る。それもそのはず、尾道水道は瀬戸内海に面する港町・尾道と、対岸の向島に挟まれており、いわば「海の川」であるからだ。

　「海の川」は古来、重要な交通路として商人たちに重宝されてきた。この尾道水道と尾道三山（大宝山・摩尼山・瑠璃山）に囲まれた小さな一帯に、多くの寺社が建立され始めると、やがて周辺に家々が建ち並ぶようになり、港町・尾道の現在の景観が形成されていったのである。

　尾道に暮らす人々は、尾道水道とともに生きてきた。そして南北朝時代の武将であり歌人でもある今川了俊は紀行文『道ゆきぶり』の一節で、中世の尾道の様子を次のように記している。「尾道三山と尾道水道に囲まれた港町に、網を干す庭もないほど家が密集している。尾道水道は潮の流れが速く、風の吹くまま行き交う船の帆影を見れば、遠く東北や九州への船がある……」。瀬戸内随一の港町の発展の様子がうかがえる文章である。

路地に迷うことで町の歴史を味わう

　現在、船から尾道の町に降りると、ほどなくして太鼓の音や活気に満ちた人々の喧騒が聞こえてくる。町では四季折々の祭礼や伝統行事が行われており、細い路地でひしめき合う住民の中を、神輿が練り歩く姿が見られるだろう。桟橋から斜面地に足を向けると、

　山麓に中世から続く寺院の数々が並び建っていることに気づく。路地をたどれば、寺院の大きな屋根や庭園を持つ住宅が現れ、また斜面地には、生活に必要な井戸が点在し、住民が集まる立体的な空間となっている。

　こうした路地に使われる石段や石畳、井戸から寺社の石塔に至る石の構造物は、すべて尾道三山から切り出された石でできている。尾道はいわば巨大な石造物なのだ。そして、寺社や住宅と一体化した石造物に囲まれることで、山と海と地域の一体的な景観の中にいる感覚が体験できる。

　そして今、路地に一歩踏み込むと、歴史的な石造物に混じって近代的な建物、住宅を改装した洒落た店舗などが見つかるはずだ。複雑に入り組む狭い路地を進むうちに、尾道が歩んできた様々な時代の文化が感じられるだろう。

CULTURAL PROPERTIES

構成文化財 5選

絶対行きたい！感じたい！

尾道は、海を望む斜面地に民家や寺社が建ち並び、坂道や細い路地が縫うように走る独特の景観を見せる町である。散策すれば、人と町が溶け合う小さな異世界に迷い込んだような不思議な感覚を覚えるだろう。ここでは特に尾道の町並みと人が織り成す文化を体験できる文化財を五つ紹介する。

浄土寺本堂及び境内地、多宝塔など
じょうどじほんどうおよびけいだいち、たほうとうなど

中世の姿を留める国宝の寺

聖徳太子の創建と伝わる真言宗寺院。定証上人や足利尊氏らとの関わりが深い。中世の姿を留める本堂や多宝塔に加え、近世の建造物も多く、境内全体が本堂とともに国宝に指定されている。伽藍は背後の浄土寺山の景観に溶け合い、訪れた人を中世の一体的な風景の中へ誘う。JR尾道駅から「東行き」バス7分、「浄土寺下」下車

西國寺金堂・三重塔
さいこくじこんどう・さんじゅうのとう

坂の途中に現れる町並みと溶け合った寺

行基の創建と伝えられる寺院。重要文化財の金堂や三重塔のほかに、巨大草鞋（わらじ）がかかる仁王門や子授け地蔵など、見所が多い。西國寺から南側の市街地までつなぐ細い参道は、市民の生活道と重なっている。坂道の途中に現れる西國寺が山と一体感のある景観を紡ぎだし、箱庭的都市を体験できる。JR尾道駅から「東行き」バス5分、「西國寺下」下車

坂道と路地の景観

さかみちとろじのけいかん

歩く人を別世界に誘う箱庭の迷宮

尾道の町並みは、尾道水道と山々に挟まれた狭い斜面地に形成されているため、坂道や細い路地が多い。石段や石畳などを使いながら、町並みを縫うように走る道は、独特の景観を生み出している。こうした坂道や路地を歩いていると、突然視界が開け、海や寺院、現代風のオシャレな店舗などが現れることも。尾道ならではの特徴である。

竹村家

たけむらや

海辺のまち・尾道の近代を代表する老舗旅館

尾道水道と海岸通りの間に建つ大正時代の老舗旅館。入母屋造（いりもやづくり）りの重厚な木造2階建てで、内装には格子細工や格天井のほか、屋号にちなんだ竹細工や竹材造作が使われている。海辺に建つ景観から、小津安二郎監督の映画「東京物語」ゆかりの地となった。 JR
尾道駅から徒歩約20分

ベッチャー祭

べっちゃーまつり

町中を鬼たちが練り歩く伝統の奇祭

11月1〜3日に行われる奇祭。ベタ・ソバ・ショーキーの3匹の鬼が尾道中を練り歩き、祝棒やささら棒で子供たちを叩く。文化4（1807）年、流行していた疫病退散の祈願のため、三面の鬼たちを先導に行った神輿巡行が起源とされている。祝棒で突かれると無病息災、ささら棒で頭を叩かれると頭脳明晰の御利益があるという。

構成文化財 CULTURAL PROPERTIES

もっと行きたい！感じたい！

西郷寺本堂・山門
さいごうじほんどう・さんもん

正慶年間（1332〜34）、一鎮（いっちん）開創の時宗寺院。本堂内にある「鳴き龍天井」や室町時代に建てられた本瓦葺きの山門が特徴的である。西郷寺へ続く石段の参道は、久保小学校の脇を縫うように走り、途中に校門が設置されている。

阿弥陀三尊像（磨崖仏）
あみださんぞんぞう（まがいぶつ）

大宝山の中腹に位置する千光寺（せんこうじ）への参道の上にある磨崖仏。一帯はかつて密教の修業場であり、山頂の岩肌付近には多くの磨崖仏が今も残っている。尾道の石造文化の名残を伝える貴重な文化財である。

旧尾道銀行本店（おのみち歴史博物館）
きゅうおのみちぎんこうほんてん（おのみちれきしはくぶつかん）

大正12（1923）年1月に竣工した旧尾道銀行本店。港町として栄えた商都尾道の面影を残し、当時の銀行浜と呼ばれた金融街の雰囲気が漂う。現在は歴史博物館になっているが、内部には銀行時代の金庫などが残されている。

吉和太鼓おどり
よしわたいこおどり

2年に一度8月18日に催される伝統行事。尾道から九州へ向かう足利尊氏の水先案内をつとめた吉和の漁師たちが、尊氏の戦勝を祝って踊ったことが起源だとされている。中世の面影を留める町並みのなかで催される踊りは、中世から現代までの積み重ねられた歴史を想起させる。

旧跡	西國寺仁王門 （さいこくじ におうもん）	西國寺へ続く参道の途中にある仁王門。2メートルほどの巨大草鞋がかけられている。草鞋は、門内にある仁王像のたくましい脚にあやかろうと市民が奉納したもの。お年寄りやスポーツ選手などの参拝者が多い。
	常称寺本堂・観音堂・大門・鐘楼 （じょうしょうじ ほんどう・かんのんどう・だいもん・しょうろう）	正応2（1289）年に開かれた時宗寺院。境内がJR山陽本線と国道2号線に分断されており、南側の大門は民家の間にひっそりと建つ。寺の境内と町の融合を見ることができる。
	天寧寺塔婆 （てんねいじ とうば）	貞治6（1367）年開創の曹洞宗寺院。眼前に迫る規模雄大な中世塔は、町並みから突出して独特の景観を生み出す。
	旧福井邸（文学記念室） （きゅうふくい てい ぶんがくきねんしつ）	大正元（1912）年に建てられた邸宅。南面からは、尾道水道や坂道を一望することができる。
	西山本館 （にしやまほんかん）	大正時代に建てられた旅館。かつては港・船舶関係者が多く利用し、外国人船員の宿泊客も少なくなかったため、洋室も備えてある。港町尾道の繁栄が偲ばれる場所。
	旧尾道商工会議所（尾道商業会議所記念館） （きゅうおのみちしょうこうかいぎしょ おのみちしょうぎょうかいぎしょきねんかん）	明治25（1892）年、全国で30番目の商工会議所が尾道に設立された。そして大正12（1923）年には鉄筋コンクリートの商工会議所が新たに建設され、商都尾道の中心となった。
	爽籟軒庭園 （そうらいけんていえん）	江戸時代の豪商・橋本家（加登灰屋）の広大な別荘。日本庭園には、京都妙喜庵の写しである茶室「明喜庵」があるほか、尾道水道の潮の干満によって水位が上下する「潮入り」という手法を用いた池がある。
	みはらし亭 （てい）	千光寺の参道、南側の斜面地に建つ大正時代の元旅館を復元したゲストハウス。尾道水道と町並みを一望できるポイントとして知られ、港町の繁栄を想起させる。
文化	住吉祭り （すみよしまつり）	約1万3000発もの花火が上がる住吉神社の花火祭り。江戸時代に、住吉浜の海産物問屋の旦那衆が商売繁盛と海上交通の安全を祈願したことがきっかけとなり、始められた。
美術	絹本著色普賢延命像 （けんぽんちゃくしょく ふげんえんめいぞう）	仁平3（1153）年に除災・長寿などを祈願するために描かれた二十臂延命の図像で、持光寺所蔵の国宝。中世の尾道の繁栄を物語る寺宝である。

日本遺産DATA

「尾道水道が紡いだ中世からの箱庭的都市」

◆ **分類** 地域型

◆ **自治体**
尾道市（広島県）

◆ **問い合わせ先**
尾道市企画財務部文化振興課文化財係
☎ 0848-20-7425　FAX 0848-37-2740
✉ bunkazai@city.onomichi.hiroshima.jp
〒722-8501 広島県尾道市久保1丁目15番1号

おすすめモデルコース

1 古寺と路地めぐり 体験コース
浄土寺（解説付きで境内・伽藍周遊＋お守りづくり）▶西郷寺（本堂拝観。鳴龍天井が見所：土日のみ）▶西國寺（持仏堂拝観と金堂前からの景観を眺める）▶常称寺（本堂拝観と境内散策）▶石屋小路▶新涯▶八坂神社▶爽籟軒庭園▶浄土寺

2 尾道水道の景観と坂道 体験コース
ロープウェイ駅（日本遺産ビジターセンター）▶千光寺公園▶展望台▶尾道市立美術館（尾道水道の景観）▶みはらし亭にて食事▶中村憲吉旧居▶旧福井邸（尾道市文学記念室）▶天寧寺（座禅と塔婆）▶猫の細道散策▶艮神社

「四国遍路」
〜回遊型巡礼路と独自の巡礼文化〜

シリアル型
Serial type

総行程1400キロメートルの旅

　阿波(徳島県)の第1番札所から土佐(高知県)、伊予(愛媛県)を経て讃岐(香川県)に至る全八十八札所寺院、総延長にして1400キロメートルの旅路は、今日「四国遍路」と呼ばれる。

　お遍路の歴史は、平安時代にまで遡る。今からおよそ1200年前、真言宗の開祖である弘法大師空海が、42歳の時、人々の災難を退くために霊場を開いた。のちに高弟たちがその足跡を遍歴したことで霊場巡りが始まったといい、鎌倉時代には西行、法然、一遍などの高名な僧たちも四国を訪れた。

　やがて一般の人々の巡礼が始まり、江戸時代には弘法大師信仰の普及に伴い、弘法大師が生まれ育ち、修業した四国を巡拝する「お遍路」が広まった。時代の流れとともにバスやタクシーを使った巡礼が始まるなど、そのスタイルは変化してきたが、白装束に菅笠を身にまとい、金剛杖を持ったお遍路さんが四国路を歩む姿は、現代まで継承されている。

三位一体となった巡礼文化

　四国遍路の行程のうち、阿波は修行への志を固める「発心の道場」、土佐は自らと向き合い苦闘する「修行の道場」、伊予は迷いから解かれる「菩提の道場」、讃岐は結願成就し、悟りに至る「涅槃の道場」と名付けられている。すべてを徒歩で進むと40日以上かかるといわれるが、必ずしも一度にすべての札所を巡礼する必要はない。どの札所も位置付けは同等であるため、どこからはじめてもよく、また何回かに分けて巡るなど、巡礼の仕方は自由だ。巡礼者の国籍、宗教や宗派も問わない。ただお遍路さんは救いや癒し、供養など、それぞれの思いとともに「同行二人(弘法大師と連れ立って歩くこと)」で歩を進め、その旅路の中で自分の心と向き合うのだ。

　そんなお遍路さんを支えるのが、四国の住民たちである。古くからお遍路さんを身近な存在として見守り、温かく迎えてきた人々は、「お接待」と呼ばれる独特の援助を行っている。「お接待」では、お遍路さんに食事や果物、飲み物を振る舞い、道に迷っているのを見れば道案内をし、「善根宿」と呼ばれる無料の宿や風呂を提供することもある。お遍路さんは、地元住民との触れ合いや善意によって心身の疲れを癒し、遍路を続ける。このように四国遍路は、弘法大師への信仰心とともに修行を実践する「場」と、それを支える「地域」の三者が一体となった世界に類をみない巡礼文化なのである。

CULTURAL PROPERTIES

構成文化財 5選

絶対行きたい！感じたい！

1200年以上のときを超えて現代に継承される四国遍路。四国の大自然を肌で感じられる場所から、中世の面影を残す歴史的文化財を見られる場所まで、札所によって表情は異なる。ここでは巡礼者たちに悠久の歴史を感じさせる四つの札所と、多様な表情を見せる"道"を紹介する。

竹林寺

ちくりんじ

浦戸湾にそびえる五重塔

浦戸湾内に面した五台山に建つ第31番札所。中国山西省にある標高3000メートルの五台山（ごだいさん）に似た霊地として神亀元（724）年に行基が開創した。夢窓国師（むそうこくし）の作と伝えられる庭園（国指定名跡）や、高さ31.2メートルの高知県内唯一の五重塔など、見所が多い。また本堂と書院、17軀の仏像は国指定重要文化財である。〈高知県〉 JR高知駅からバスで約30分

大寶寺

だいほうじ

巨杉の森のなかに佇む山寺

久万高原（くまこうげん）町の山中にある第44番札所。四国霊場八十八か所の折り返しで、「中札所」といわれる。大宝元（701）年に明神右京（みょうじんうきょう）・隼人（はやと）兄弟によって開かれた寺院で、周囲には樹齢数百年の巨杉が生い茂り幽寂な空気が漂う。43番明石寺からは峠越えの難所で、距離にして約80キロ、徒歩では20時間以上の道のりが続く。〈愛媛県〉 JR松山駅からバス乗車久万下車、乗り換え大寶寺口5分

太山寺
たいさんじ

一夜伝説が残る歴史深い寺院

経ヶ森山山腹に建つ第52番札所。用明2（587）年、観音菩薩に祈願して嵐から逃れた真野長者（まなのちょうじゃ）が、仏恩に報いるため、一夜にして堂宇を組み上げたという伝説が残る。本尊を含めた7体の十一面観音像は、後冷泉（ごれいぜい）天皇以下6代によって奉納された由来をもつ。現本堂は、愛媛県内及び真言密教で最大規模を誇り、国宝に指定されている。〈愛媛県〉JR松山駅からバスで約25分

本山寺
もとやまじ

広大な境内に広がる文化財の宝庫

大同2（807）年平城天皇の勅願により開かれた第70番札所。約2万平方メートルの広大な敷地を持つ。正安2（1300）年に建立された本堂は、京都風の外観に奈良風の内装の折衷様式で国宝に指定されている。また重要文化財の仁王門は、三様式（和様・唐様・天竺様）を取り入れた全国でも類例のない八脚門である。〈香川県〉JR本山駅から徒歩約20分

阿波遍路道
あわへんろみち

修行への意志を試される巡礼のはじまりの道

四国霊場のはじまりで、修行への志を固める「発心の道場」。1番札所霊山寺から発し、10番切幡寺まで吉野川の北岸の穏やかなルートを進んだ後、南下して山道へ至る。国府町の平野部に戻り、石畳が敷かれた阿波遍路道で最も美しい区間を経て20番鶴林寺に至る。その後は「鶴林寺道」「太龍寺道」「平等寺道」を歩き、23番薬王寺を過ぎると宍喰峠（ししくいとうげ）から土佐へ入る。〈徳島県〉

もっと行きたい！感じたい！

構成文化財
（阿波・土佐編）
CULTURAL PROPERTIES

◆ 阿波（徳島）編

霊山寺 — りょうぜんじ

第1番札所である「発願の寺」。遍路用品一式を揃えることができる。寛政元（1789）年にはじまった野上施待講や文政元（1818）年の有田接待講などの有志が巡礼者の接待を担う。

大日寺 — だいにちじ

板野町の山裾にある第4番札所。弘仁6（815）年に開かれて以来、何度も廃寺の危機を迎えたが、江戸時代は大日如来信仰に篤い阿波藩主蜂須賀家によって保護された。

常楽寺 — じょうらくじ

四国霊場のなかで唯一、弥勒菩薩を本尊とする第14番札所。かつては少し低い場所にあったが、溜池をつくるため文化15（1818）年に現在地の「流水岩の庭」近くへ移転した。

伊予
（愛媛県）

土佐
（高知県）

第1番札所　霊山寺	第9番札所　法輪寺	第17番札所　井戸寺
第2番札所　極楽寺	第10番札所　切幡寺	第18番札所　恩山寺
第3番札所　金泉寺	第11番札所　藤井寺	第19番札所　立江寺
第4番札所　大日寺	第12番札所　焼山寺	第20番札所　鶴林寺
第5番札所　地蔵寺	第13番札所　大日寺	第21番札所　太龍寺
第6番札所　安楽寺	第14番札所　常楽寺	第22番札所　平等寺
第7番札所　十楽寺	第15番札所　国分寺	第23番札所　薬王寺
第8番札所　熊谷寺	第16番札所　観音寺	阿波遍路道

おすすめモデルコース

1　5か所参り（大日寺▶常楽寺▶国分寺▶観音寺▶井戸寺）

阿波札所の第13番札所大日寺から第17番札所井戸寺に至る区間には、5つの札所寺院が点在する。古くは、春の時期には地域の若者が集まり、5ヶ所参りといった約3kmの区間の5ヶ所の札所を参る風習があった。現在でも、1日で気軽にできる「歩き遍路」として親しまれている。

◆土佐(高知)編

最御崎寺 ほつみさきじ

「修行の道場」土佐遍路道の最初の札所(24番)。大同2(807)年、弘法大師が青年期に修行したとされる室戸岬の突端に開かれた。

禅師峰寺 ぜんじぶじ

土佐湾を望む峰に建つ第32番札所。聖武天皇が海上交通の安全を祈願して寄進した。現在も海で働く人々の信仰を集める。

延光寺 えんこうじ

第39番、土佐遍路道最後の札所。行基が作った薬師如来像を本尊とし、本坊と十二坊を建立したのが開創とされる。かつての寺領は、納経のなかで「寺山」と表現されるほど広大だった。

第24番札所　最御崎寺	第30番札所　善楽寺	第36番札所　青龍寺
第25番札所　津照寺	第31番札所　竹林寺	第37番札所　岩本寺
第26番札所　金剛頂寺	第32番札所　禅師峰寺	第38番札所　金剛福寺
第27番札所　神峯寺	第33番札所　雪蹊寺	第39番札所　延光寺
第28番札所　大日寺	第34番札所　種間寺	土佐遍路道
第29番札所　国分寺	第35番札所　清瀧寺	

おすすめモデルコース

2 空海伝説を辿る（最御崎寺▶津照寺▶金剛頂寺）
土佐札所の第24番札所最御崎寺から第26番札所金剛頂寺に至る区間は、弘法大師空海が修行し悟りを開いたとされる厳しい自然が残る霊場。

3 電車・船旅を満喫（竹林寺▶禅師峰寺▶雪蹊寺▶青龍寺▶岩本寺）
高知駅を起点として、土佐札所の第31番札所竹林寺から海岸線を南西に進み、四万十川河口近くの第37番札所岩本寺に至る区間は、移り変わる景観が楽しめるのが魅力。

構成文化財（伊予・讃岐編）

CULTURAL PROPERTIES

> もっと行きたい！感じたい！

◆ 伊予（愛媛）編

観自在寺　かんじざいじ

伊予遍路道の最初の札所（第40番）。1番札所から最も離れているため「四国霊場の裏関所」と呼ばれる。かつては七堂伽藍がそびえ、48の末寺を有し、日本4か所の鎮守に数えられた。

浄瑠璃寺　じょうるりじ

第46番札所の寺で、三坂峠の長い坂道を下った山麓に位置する。開創以降、荒廃と復興を繰り返した。境内には、弘法大師が植えたと伝わる樹齢1000年を超す息吹柏槇の巨木がそびえる。

石手寺　いしてじ

第51番札所。道後温泉の付近にあり、観光がてらの参詣者も多い。高さ7メートルもある二王門が国宝であるほか、本堂や三重塔、鐘楼も重要文化財になっている。

伊予（愛媛県）

土佐（高知県）

第40番札所	観自在寺	第49番札所	浄土寺	第58番札所	仙遊寺
第41番札所	龍光寺	第50番札所	繁多寺	第59番札所	国分寺
第42番札所	仏木寺	第51番札所	石手寺	第60番札所	横峰寺
第43番札所	明石寺	第52番札所	太山寺	第61番札所	香園寺
第44番札所	大寶寺	第53番札所	円明寺	第62番札所	宝寿寺
第45番札所	岩屋寺	第54番札所	延命寺	第63番札所	吉祥寺
第46番札所	浄瑠璃寺	第55番札所	南光坊	第64番札所	前神寺
第47番札所	八坂寺	第56番札所	泰山寺	第65番札所	三角寺
第48番札所	西林寺	第57番札所	栄福寺	伊予遍路道	

おすすめモデルコース

4「お接待」の心を知る（浄瑠璃寺▶八坂寺▶西林寺▶浄土寺▶繁多寺▶石手寺）

三坂峠の峠道から街中を抜けて道後温泉まで松山市内の第46番から第51番までの6つの寺を歩きながら、四国独特の文化「お接待」の心に触れることができる。
また、松山空港やJR松山駅からタクシーやレンタカーで巡ると、上浮穴郡久万高原町の第44番札所大寶寺、第45番札所岩屋寺と、松山市の上記6か寺、第52番札所太山寺、第53番札所円明寺を合わせて、1日コースとなっている。

◆ 讃岐（香川）編

讃岐（香川県）

阿波（徳島県）

大興寺 — だいこうじ

第67番札所。地元では小松尾寺と呼ばれている。真言宗寺院だが、かつては同じ境内で真言・天台二大宗派が兼学した来歴があるため、本堂の左側には弘法大師堂が、右側には天台宗第三祖智顗を祀る天台大師堂がある。

長尾寺 — ながおじ

長尾駅近くにある第87番札所。仁王門の前にある左右一対の経幢（きょうとう）は、元寇の戦死者の供養のために建てられたという。

大窪寺 — おおくぼじ

四国八十八か所霊場の結願の地。標高782メートルの矢筈山中腹にあり、早くから女性の参拝を受け入れたことから「女人高野」として栄えた。

第66番札所	雲辺寺	第78番札所	郷照寺
第67番札所	大興寺	第79番札所	天皇寺
第68番札所	神恵院	第80番札所	国分寺
第69番札所	観音寺	第81番札所	白峯寺
第70番札所	本山寺	第82番札所	根香寺
第71番札所	弥谷寺	第83番札所	一宮寺
第72番札所	曼荼羅寺	第84番札所	屋島寺
第73番札所	出釈迦寺	第85番札所	八栗寺
第74番札所	甲山寺	第86番札所	志度寺
第75番札所	善通寺	第87番札所	長尾寺
第76番札所	金倉寺	第88番札所	大窪寺
第77番札所	道隆寺	讃岐遍路道	

おすすめモデルコース

5 結願（志度寺▶長尾寺▶大窪寺）

さぬき市を北から南へとほぼ一直線に歩くこのコースは、海辺から出発して、田園地帯、市街地を抜けて山へと続き、四国遍路の縮図といわれるほど、変化に富み、待望の第88番札所大窪寺に至る。

日本遺産DATA

「『四国遍路』〜回遊型巡礼路と独自の巡礼文化〜」

◆ 分類　シリアル型

◆ 問い合わせ先
愛媛県企画振興部地域振興局地域政策課
愛媛県教育委員会事務局管理部文化財保護課
☎ 089-912-2235、089-912-2975
FAX 089-912-2969、089-912-2974
✉ chiikiseisak@pref.ehime.jp
　bunkazaihogo@pref.ehime.jp
〒 790-8570 愛媛県松山市一番町4丁目4-2

◆ 自治体
徳島県（徳島市、鳴門市、小松島市、阿南市、吉野川市、阿波市、三好市、勝浦町、神山町、牟岐町、美波町、海陽町、板野町、上板町）
高知県（高知市、室戸市、安芸市、南国市、土佐市、須崎市、宿毛市、土佐清水市、四万十市、香南市、香美市、東洋町、奈半利町、田野町、安田町、芸西村、中土佐町、四万十町、大月町、三原村、黒潮町）
愛媛県（松山市、今治市、宇和島市、新居浜市、西条市、大洲市、四国中央市、西予市、久万高原町、砥部町、内子町、愛南町）
香川県（高松市、丸亀市、坂出市、善通寺市、観音寺市、さぬき市、東かがわ市、三豊市、宇多津町、多度津町）

古代日本の「西の都」
～東アジアとの交流拠点～

古代随一の国際都市

　今からおよそ1300年前、奈良時代の九州の地に「天下之一都会」と呼ばれる都があった（『続日本紀』）。大宰府である。

　当時の日本では、中国・唐王朝を手本とし、文物や文化、政治システムを取り入れていた。遣唐使・粟田真人が唐から持ち帰った先進の情報により改革が推し進められ、日本の歴史上最も国際色豊かな時代といわれる奈良時代を迎えたのである。

　唐の都・長安は、東アジアの先端というべき大都市であり、真人が収集した情報をもとに平城京と大宰府が造られた。その頃、大宰府には百済の宮都を模した要塞が築かれていたが、唐の宮都を実際に目にした真人が直接造営に携わることで、「西の都」として新たに生まれ変わることとなったのである。

外交と交易の拠点・大宰府

　新生大宰府は、水城や大野城など前代の要塞を利用し、その中に約2キロメー

トル四方にわたる碁盤の目状の街区（大宰府条坊）を設けた本格的な都城であった。政庁と関連する役所を街区の北部中央に据え、メインストリートとなる朱雀大路を敷設。街には住居のほか、官人子弟の教育機関（学校院）や天皇ゆかりの寺院（観世音寺・般若寺）、迎賓館（客館）などが宮都さながらに備えられた。こうして東アジアの国際標準ともいうべき様式で築かれた大宰府は、外国使節や商人が往来し、舶来の品々が行き交う国際都市となった。

「西の都」としての大宰府は、外国使節を迎え歓待する、儀礼の場であった。そのため賓客をもてなす文化的素養を持った人物が求められた。鑑真や空海、小野篁などの知識人が訪れ、そして新たな文化が流入・集積した。その文化の一つが梅である。唐から持ち込まれた梅の花を愛でつつ和歌を披露し合う「梅花の宴」や春の訪れを祝う「曲水の宴」が行われた。その後、梅は菅原道真の伝承とともに、時代を越えて大宰府と関連深い花として親しまれている。

宮都を本拠とする朝廷が、外交・交易を行うために設けた「西の都」大宰府。そこは東アジアの先進文化と日本の文化とが行き交う場所であったのである。

古代日本の「西の都」〜東アジアとの交流拠点〜

CULTURAL PROPERTIES

構成文化財 5選

絶対行きたい！感じたい！

かつて国家の威信をかけて造営された西の都・大宰府。日本の外交拠点となったこの場所には、国内外から多くの人々が訪れ、先進文化がもたらされた。ここでは現代でも多くの人が訪れ、往年の繁栄が偲ばれる寺社・史跡を五つ紹介する。

大宰府跡
だざいふあと

日本の外交・防衛を司った西の都

九州の政治・文化の中心であり、古代律令政府の外交窓口や対外防備の先端拠点としての役割を担っていた大宰府の中核となる施設の跡。政庁や周辺の官衙（役所）、外国使節を迎える客館からなる。平野を広く見渡せる政庁跡からの眺めは、古代の大宰府を想起させる。 🦶西鉄都府楼前駅から徒歩約15分

観世音寺
かんぜおんじ

西の都を彩る西海道随一の寺院

天智天皇が亡き母斉明天皇の菩提を弔うために発願した寺で、天平18（746）年に完成した。大陸由来の舞楽面が保存されている。最盛期には49もの子院が建ち並ぶ西海道随一の伽藍（がらん）を誇っていたが、度重なる大火などによって徐々に規模は縮小し、現在は江戸時代初期の講堂と金堂（県指定文化財）が残っている。 🦶西鉄五条駅から徒歩約10分

戒壇院 かいだんいん

国の重要文化財に指定された日本三戒壇の一つ

西海道諸国の僧尼のために観世音寺内に置かれた戒壇。戒壇とは、出家する者に対して、僧侶として守るべき戒律を授ける儀式場のことで、奈良東大寺・下野薬師寺とともに日本三戒壇の一つとなった。本尊は12世紀に作られた毘盧舎那仏（びるしゃなぶつ）で、国の重要文化財に指定されている。🐾 西鉄五条駅から徒歩約10分

太宰府天満宮 だざいふてんまんぐう

菅原道真を祀る学問・文芸の神社

菅原道真の墓所の上に建てられた神社。道真は一流の学者であり、優れた政治家でもあったため、貴族や武士が多く参詣に訪れた。また、文芸の聖地として数々の連歌（れんが）が奉納された。現在は学問の神様として広く崇敬を集め、受験生をはじめ年間600万人もの人々が訪れる。🐾 西鉄太宰府駅から徒歩約5分

梵鐘 ぼんしょう

1300年前の音を響かせる最古の鐘

観世音寺鐘楼に設置されている日本最古の梵鐘。「日本の音風景百選」にも選ばれたこの鐘の音は、太宰府天満宮神幸式が行われる9月22日と、大晦日の年二回聞くことができる。菅原道真が漢詩「不出門」の一節に「ただ観音寺の鐘を聞く」と記した鐘は、現在と同じ鐘であり、今も古代の人々が聞いた音色を聞くことができる。🐾 西鉄五条駅から徒歩約10分

構成文化財 CULTURAL PROPERTIES

もっと行きたい！感じたい！

大野城跡　おおのじょうあと

7世紀後半に百済の亡命貴族である憶礼福留（おくらいふくる）・四比福夫（しひふくふ）らの指揮で建造された朝鮮式山城。四王寺山の尾根に沿って土塁や石垣が巡らされ、8か所の建物集中エリアが現在知られている。上部からは太宰府市全域や玄海灘を遠望することができる。

水城跡　みずきあと

天智2（663）年の白村江（はくすきのえ）の戦いで敗れた日本が、国土防衛のために最初に築造した城砦。全長1.2キロで高さ9メートルの土塁と内外の濠からなり、百済の都・扶余を守る城壁と同じ築城技術が採用されている。大宰府の出入口となり、西門では多くの外交使節を迎えた。

筑前国分寺跡　ちくぜんこくぶんじあと

天平13（741）年の聖武天皇の勅願により、全国に建立された国分寺の一つ。一辺約17.4メートルの巨大な七重塔の基壇が残されている。周辺から戸籍計帳木簡が発見され、筑前国府近くにあったことが推測されている。

宝満山　ほうまんざん

太宰府の北東にそびえる標高829メートルの山。古来「神の山」として知られた。山中の竈門山寺（のちの大山寺、有智山寺）では、最澄らが入唐する前にこの寺で航海安全を祈願した。現在は竈門神社の社地。

太宰府天満宮神幸行事　だざいふてんまんぐうじんこうぎょうじ

康和3（1101）年に大宰権帥・大江匡房（おおえのまさふさ）により始められた神幸行事。太宰府天満宮から道真の神霊を奉安した神輿が、400～700人の行列と南館跡（榎社）までの古代の道を下る。

太宰府天満宮の伝統行事　だざいふてんまんぐうのでんとうぎょうじ

平安時代の宮中行事が大宰府に移り、行われるようになった行事。「四度宴」のうち「曲水の宴」や「七夕宴」、「残菊宴」が現在も催されている。「曲水の宴」は大陸から伝わった行事で、上流から流された酒盃が自分の前を過ぎる前に和歌を作って酒を飲む。

分類	名称	説明
旧跡	大宰府学校院跡（だざいふがっこういんあと）	政庁跡の東側、観世音寺との間の一帯にあった官人養成機関の跡。中国の「五経」「三史」などの書物を教科書に、政治・医術・算術・文章などを約200人もの学生が学んでいた。
旧跡	国分瓦窯跡（こくぶかわらがまあと）	筑前国分寺の北東の溜池にある窯跡。8世紀に瓦を焼いた地下式の登窯で、国分寺だけでなく政庁や観世音寺の瓦も焼成していたと考えられている。
旧跡	大宰府条坊跡（だざいふじょうぼうあと）	古代中国・朝鮮・日本の王城都市にみられる碁盤の目状の区割りを持つ都市の跡。大宰府は政庁を北辺の中心とした約2キロ四方の方形プランの中に南北22条、東西20坊が配されていた。
旧跡	官道（かんどう）（水城西門・東門ルート）（みずきにしもん・ひがしもん）	大宰府の出入口・水城の門を通り、外部と大宰府内部を結ぶ道。西門は筑紫館につながり、東門は博多へと伸びている。どちらのルートも現在なお道が通り利用されている。
旧跡	軍団印出土地（ぐんだんいんしゅつどち）（御笠団印・遠賀団印）（みかさだんいん・おかだんいん）	筑前国に所属する軍団の印が出土した地で、条坊の北西端に位置する。ここでは「御笠軍団」と「遠賀軍団」の印が発見されていることから、二つの軍団が駐屯していたことがわかる。
旧跡	般若寺跡（はんにゃじあと）	白雉5（654）年、孝徳天皇の病気平癒を祈願して、筑紫大宰帥蘇我日向が建立した寺院の跡地。当初は筑紫野市塔原にあったが、大宰府条坊が整備される過程で現在地に移転したと考えられている。当初条坊内には、天皇家ゆかりの寺である観世音寺、般若寺のみが存在した。
旧跡	南館跡（なんかんあと）	都から赴任した高級官人の官舎跡。菅原道真が滞在した館として知られる。南館跡には治安3（1023）年に道真の霊を弔うため浄妙院（じょうみょういん）が建立され、現在は榎社（えのきしゃ）にその場所が引き継がれている。
文書	万葉集筑紫歌壇（まんようしゅうつくしかだん）	大宰帥・大伴旅人や筑前守・山上憶良など、大宰府管内に滞在して歌を詠んだ歌人集団。4500首が収録される『万葉集』のうち、彼らがここで詠んだ歌は320首にもなる。現在、太宰府近辺には、万葉の歌にちなむ歌碑が多く建立されている。
自然	太宰府の梅（だざいふのうめ）	太宰府を象徴する梅の木。とくに菅原道真が梅をこよなく愛していたことから、道真を慕った梅が都から飛んできたという飛梅伝説や、道真を気遣って焼餅などを梅の枝に刺して差し入れた浄妙尼伝承などが広まった。

日本遺産 DATA

「古代日本の『西の都』〜東アジアとの交流拠点〜」

◆ 分類　地域型

◆ 自治体
太宰府市（福岡県）

◆ 問い合わせ先
太宰府市文化財課
☎ 092-921-2121（代表）　FAX 092-921-3667
✉ bunkazai@city.dazaifu.lg.jp
〒818-0198 福岡県太宰府市観世音寺1-1-1

国境の島 壱岐・対馬・五島
～古代からの架け橋～

シリアル型
Serial type

古代の国際交流都市として

　島国日本は、大小6852もの島々から構成されている。国土の中で最も多くの島を抱くのが長崎で、971もの島からなる。そのうち大陸との間に点々と浮かぶ国境の島、壱岐、対馬、五島は、古代における大陸との要衝地であり、国際交流の要であった。

　それはまだ、日本が倭と呼ばれていた時代のこと。中国の使節は、朝鮮半島から対馬と壱岐を経由し、倭の国の女王が治める邪馬台国を目指した。『魏志倭人伝』に見える一支国（壱岐）の原の辻は、海上交易で王都を築いた国際交流都市の先駆けであり、日本人や朝鮮人が居住する活気にあふれる島だった。遺跡からは朝鮮半島系の土器や人面石などさまざまな遺物が出土しており、復元された遺跡や青田の景色を眺めると、弥生時代にタイムスリップしたようだ。

官民において見られる現在の交流

　飛鳥～平安時代において壱岐と対馬は、異国との文化の交流点であり、また国防の最前線ともされた。天智2(663)年の白村江の戦い以降は、日本と新羅との外交関係が悪化。遣唐使は、壱岐、対馬を経由するルートから、五島列島を経て東シナ海を渡るルートをとらざ

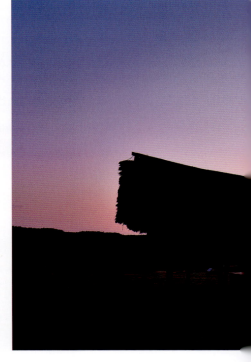

るを得なくなった。しかし、当時の航海技術や船でこのルートを進むのはきわめて危険であり、無事に航海を終えることはほとんどなかった。そのため、都人は五島を死者と会える島「みみらくのしま」と詠んだ。他方、壱岐と対馬には国防のための防人らが派遣され、対馬には朝鮮式の山城「金田城（かねだじょう）」が築かれた。

室町時代の対馬は、島主である宗氏（そう）を中心に、日本～朝鮮間の外交の実務をとってきたが、豊臣秀吉の朝鮮出兵により、国交が断絶してしまう。長年、朝鮮との貿易を経済の拠り所としていた対馬にとってこれは死活問題であり、朝鮮との間で必死の国交回復交渉を行った。そうして江戸時代に朝鮮通信使の来日が実現し、念願の朝鮮貿易が復活したのである。以後200年続いた朝鮮通信使との交流における「互いに欺かず、争わず、真実をもって交わる」の精神は、今日の国際交流にも通じる。

時代とともに、中継地としての役割は希薄になったが、壱岐の「壱岐焼酎」や対馬の「対州そば」、五島の「五島うどん」のほか、稲作伝来の地といわれている対馬の豆酘地区（つつ）に伝わる赤米を御神体とする神事や「亀卜（きぼく）」など、島の特産品や民俗行事に、かつての名残が多く見られる。また、民間では日韓交流の祭りや国境マラソンなどが行われている。今もなお連綿と続く国と国、民と民の深い絆が感じられる稀有な地域なのだ。

絶対行きたい！
感じたい！

CULTURAL PROPERTIES
構成文化財 6選

原の辻遺跡
はるのつじいせき

異国との交易を示す
一支国の王都

壱岐島の南東部、深江田原に広がる国内を代表する弥生時代の環濠集落跡で、『魏志倭人伝』に記された「一支国」の王都。『魏志倭人伝』に記された国の中で、唯一国の位置と王都の場所が特定されている。当時の「一支国」は海外との交易拠点として栄えており、多数の住居跡のほかに日本最古の船着き場が確認されている。

🦶 芦辺港から車で約10分

壱岐古墳群
いきこふんぐん

大陸由来の遺物が多く出土する
長崎随一の古墳群

壱岐島の中央部にある古墳群。県内の半数以上にあたる280基の古墳が確認されており、うち200基以上は6世紀後半～7世紀前半にかけて築造された。首長クラスの古墳の石室内からは、中国大陸や朝鮮半島から認められていたことを物語る遺物が多数発見されている。

🦶 芦辺港、郷ノ浦港から車で約15分

朝鮮国信使絵巻
ちょうせんこくしんしえまき

江戸時代の日朝交流が描かれた
鮮やかな絵巻

長崎県立対馬歴史民俗資料館に所蔵されている、江戸時代に来日した朝鮮通信使の道中を描いた絵巻。慶長12(1607)年に通信使が復活してから文化8(1811)年までの間、12回来訪した。正使・副使ら朝鮮通信使と、行列を先導・警護する武士ら500名を超える大行列が豊かな色彩で躍動的に描かれており、当時の姿を彷彿とさせる。

🦶 厳原港から車で約5分

東シナ海に面した長崎県の島々は、古くから大陸や朝鮮半島との交易・交流の歴史がある。ここでは壱岐・対馬・五島から二つずつ、それぞれに関係する古代の交易・朝鮮通信使・遣唐使との関連文化財を六つ紹介し、日本と大陸・半島との交流の歴史を追う。

金石城跡 かねいしじょうあと

日朝の間で奔走した対馬藩主の居城跡

対馬市厳原町にある対馬藩主宗家の居城跡。延宝6(1678)年に桟原城が完成するまで対馬府中の中心にあった。文化8(1811)年の朝鮮通信使来島に際して増築され、一行の宿舎として使われた。「対馬厳原港まつり」では、朝鮮通信使を再現した行列が櫓門を出発し、市街地を練り歩く。 🏃 厳原港から車で約5分

三井楽 みみらくのしま

遣唐使が最後に踏んだ最果ての日本

五島市三井楽町の海岸域および海域。当時の日本の最西端に位置した五島は、航海へ繰り出す遣唐使船が最後に寄港する場所だった。空海の名文「辞本涯(日本の最果てを去る)」にあるように、都人にとっては最果ての地であり、『蜻蛉日記』では、「亡き人に逢える島〜みみらくのしま〜」として紹介されている。 🏃 福江港から車で約30分

山王山 さんのうさん

東シナ海の航海を見守っていた聖地

新上五島町中通島にそびえる山(写真左奥)。延暦23(804)年の遣唐使船で唐に渡った最澄が入唐成就のお礼に、帰国後、比叡山延暦寺の守護神・山王権現を勧進して開いたと伝わる、麓の荒川集落に一の宮、八合目付近に二の宮、山頂に三の宮があり、二の宮の岩窟内に奉納された鏡の中には宋代の舶載鏡がある。 🏃 奈良尾港から車で約40分

もっと行きたい！感じたい！ 構成文化財 CULTURAL PROPERTIES

金田城跡
かねだじょうあと

対馬の中部、城山にある朝鮮式山城跡。天智2(663)年の白村江の戦いでの敗戦後に、唐や新羅の侵攻を防ぐために築かれた。山頂からは防人（さきもり）たちが睨んでいた国境の海を一望できる。

対馬の亀卜習俗
つしまのきぼくしゅうぞく

亀の甲を焼いて、そのヒビの入り方から年の吉凶を占う神事。大陸から朝鮮半島を経て伝わったといわれ、今では対馬の豆酘地区のみで、代々継承されている。

旧金石城庭園
きゅうかねいしじょうていえん

17世紀末頃、対馬藩主宗家の居城・金石城内に造営された庭園。1997年から2004年にかけて発掘調査が行われ、かつての姿が復元された。

原の辻遺跡出土品
はるのつじいせきしゅつどひん

原の辻遺跡から出土した遺物。ムンクの「叫び」を連想させる人面石が有名。中国大陸や朝鮮半島で製作された土器や使われていた銅銭、棹秤に用いる青銅製の錘などが出土し、異国との交易を物語る。

勝本城跡
かつもとじょうあと

壱岐島北部にある豊臣秀吉が朝鮮出兵の際に築城した出城跡。朝鮮に渡る兵士の食糧や武器の補給・修理をする軍事基地の役割を果たした。勝本湾や対馬を一望できる地にある。

内海湾
うちめわん

壱岐島南東部にある湾。「一支国」の王都・原の辻を訪れた古代船が往来した玄関口で、船乗りたちはここで小舟に乗り換えて、王都まで物や人を運んでいた。

ともづな石
ともづないし

五島市岐宿町白石にある遣唐使たちが停泊中、船が流されないように艫綱（ともづな）を結わえたとされる石。船の修理や食糧補給、風待ちをするために遣唐使船がここに停泊していた。

日島の石塔群
ひのしまのせきとうぐん

新上五島町の日島海岸にある中世から近世の70基以上の石塔からなる古墓群。都や大陸を往来した海上交易の拠点で、石材は関西方面の御影石や若狭の日引石など島外から持ち込まれたものが多い。

旧跡	対馬藩主宗家墓所（つしまはんしゅそうけぼしょ）	対馬藩主宗家の菩提寺・万松院にある広大な墓所。百雁木と呼ばれる132段の石段を登った高台に、歴代藩主の墓が並んでいる。
	清水山城跡（しみずやまじょうあと）	豊臣秀吉の朝鮮出兵のため、天正19（1591）年に肥前名護屋・釜山間に築かせた駅城の跡。頂上からは対馬・厳原の街並み、壱岐へと続く大海原が一望できる。
	対馬藩お船江跡（つしまはんおふなえあと）	久田川の河口につくられた対馬藩の船梁（ドッグ）跡。ここから朝鮮半島など各地への交易船が出航した。
	カラカミ遺跡（いせき）	壱岐島の北西にある弥生時代の環濠集落跡。交易を通じて鉄素材を入手し、国内各地へ供給する中継基地かつ弥生時代を代表する鉄器生産の鍛冶工房だったとされている。
	生池城跡（なまいけじょうあと）	16世紀中頃、松浦党の源壱が築城したと伝えられる山城跡。生池城を居城とした源壱は、信頼も厚く、朝鮮と正式な交易が認められていた。
	明星院本堂（みょうじょういんほんどう）	福江島にある五島で最も古い寺院。大同元（806）年に空海が、唐から帰朝する途中でこの寺に籠ったと伝えられる。
	遣唐使史跡（けんとうししせき）	新上五島町中通島にある遣唐使ゆかりの史跡。遣唐使の航海安全を祈願したと伝わる「姫神社跡」や「御船様」、遣唐使船の帆を修理したという「錦帆瀬」などが島の各所に残っている。
美術	万松院の三具足（ばんしょういんのみつぐそく）	三具足という、青銅でできた鶴亀の燭台（しょくだい）、香炉、花瓶の3点からなる祭礼用の仏具。朝鮮国王から贈られたと伝えられ、万松院の本堂に現存している。
	銅造如来坐像（どうぞうにょらいざぞう）（黒瀬観音堂）（くろせかんのんどう）	朝鮮半島から渡ってきた、統一新羅時代（8世紀）の仏像。地元では女神さまと呼ばれ、安産の神様として親しまれている。
	笹塚古墳出土品（ささづかこふんしゅつどひん）	亀形飾金具や、杏葉、雲珠、辻金具といった金銅製の馬具類、朝鮮系土器など、大陸・半島との交易を示す遺物が多く出土している。
	双六古墳出土品（そうろくこふんしゅつどひん）	中国の北斉で製作された日本最古の二彩陶器や朝鮮系土器、金銅製単鳳環頭大刀柄頭、半円形のガラス製蜻蛉玉など、大陸由来の先進的な出土品が多い。
文化	豆酘の赤米行事（つつのあかごめぎょうじ）	稲の原生種といわれる赤米に宿る精霊を神として祀る神事。対馬の豆酘地区は、大陸から稲作が伝わった地とされ、古くから赤米の祭祀が行われている。
自然	岳ノ辻（たけのつじ）	標高212.8メートル、壱岐島最高峰の山。頂上には古代より烽火台や遠見番所が設置され、国防の拠点となっていた。

日本遺産 DATA

「国境の島 壱岐・対馬・五島 〜古代からの架け橋〜」

◆ **分類** シリアル型

◆ **自治体**
長崎県（対馬市、壱岐市、五島市、新上五島町）

◆ **問い合わせ先**
長崎県文化観光国際部文化振興課文化施設振興班
☎ 095-895-2762　📠 095-829-2336
✉ S38010@pref.nagasaki.lg.jp
〒 850-8570 長崎県長崎市江戸町2-13

相良700年が生んだ保守と進取の文化
～日本でもっとも豊かな隠れ里－人吉球磨～

シリアル型
Serial type

領主の努力が実を結ぶ

　今から800年ほど前のこと、鎌倉幕府の将軍・源頼朝の命を受けて、遠江国相良荘（現在の静岡県）の長が人吉球磨の地にやって来た。以後、700年間にわたって同地を治める相良氏の始祖である。だが当初、領主の生活は厳しかった。険しい山々に囲まれた土地には独自の文化があり、個性の強い民衆ばかり。どのようにして彼らに受け入れてもらうか……悩んだ末に導き出した結論は、古来の伝統文化を認めることだった。そこで以前の領主に関わる神社仏閣を残したところ、「今度来らしたお殿様は友好的ばい！」と民衆は喜んだ。続いて、彼は民衆の娯楽を認めるべく、米焼酎の醸造と球磨拳、ウンスンカルタなどの余興も受け入れた。また、藩財政の立て直しに成功し、生活を潤すと、民衆の心をすっかりつかんだのである。

「日本でもっとも豊かな隠れ里」

　人々の間で庚申信仰や三十三観音などの民間信仰が受け継がれる一方で、領主は平川氏などこれまでに滅ぼしてきた相手を神として祀った。領内に茅葺きの社寺を造り、祭りや儀式も執り

行った。すると見事な建物を誇らしく思った民衆が社寺の維持管理を申し出た。このように領主と民衆が一体となって形成し、継承されたのが相良の文化の特徴である。

　始祖の政策は代々の領主に受け継がれ、明治維新が起こるまでの700年間、領主と民衆はよい関係を築いてきた。そして領主がいなくなった現代に至っ

ても、領民の意識は変わることがない。球磨神楽やおくんち祭、茅葺きの建造物、相良氏入国以前からの古仏など、領内では往時の姿がそのまま残り、時間が止まったかのような錯覚すら覚える。また、球磨焼酎は今や世界ブランドとなり、球磨民謡は今も歌い継がれ、ウンスンカルタの全国大会が開催されるほか、球磨拳の世界大会が催される。

相良の領主と民衆によって創り上げられた人吉球磨の歴史遺産は、現代の人吉球磨の人々の日常に溶け込む、いわば生きた歴史遺産なのである。そして人吉球磨ではこのような独自の文化が現在も継続している。歴史小説家・司馬遼太郎は著書『街道をゆく』の中で、人吉球磨を次のように著している。「日本でもっとも豊かな隠れ里」と。

CULTURAL PROPERTIES

構成文化財5選

絶対行きたい！感じたい！

作家・司馬遼太郎が「日本でもっとも豊かな隠れ里」と記した人吉球磨。過去から現代まで歴史が溶け込んだ景観は、外部の人間からは非日常的に見えるほど。相良の領主と民衆がともに創り上げた人吉球磨の歴史遺産のなかから、代表的な五つを紹介する。

青井阿蘇神社とおくんち祭
あおいあそじんじゃとおくんちまつり

人々が熱狂する祭りの舞台

相良氏入国以前の大同元（806）年の創建と伝わる神社。人吉球磨の守り神として、阿蘇神社の御祭神十二神のうち三神の分霊が祀られている。領主である相良氏の保護を受け、中世から続いている惣鎮守（そうちんじゅ）として藩主や民衆の信仰を集めた。「おくんち祭」と呼ばれる秋の例大祭は、多くの人々が参加し、見物する一大行事。 JR人吉駅から徒歩約5分

青蓮寺阿弥陀堂
しょうれんじあみだどう

鎌倉建築の姿を今に伝えるお堂

鎌倉時代にあたる永仁3（1295）年、相良頼宗（よりむね）が初代頼景（よりかげ）の菩提を弔うために建立した寺で、築造にあたったのは飛騨の工匠と伝わる。御堂は五間四面の四柱造（しちゅうづくり）で、屋根には茅が葺かれている。鎌倉時代の建築の特色が顕著で、郡内に残る中世的な景観の代表的な場所の一つといえる。 くま川鉄道東多良木駅から徒歩約15分

城泉寺阿弥陀堂 — じょうせんじあみだとう

県内でもっとも古い木造建築の寺

鎌倉時代の初期に一帯を支配していた在地の豪族・久米氏が、自らの極楽往生を願って建立したと伝わる。もとは浄心寺といったが、大正4（1915）年に仏像が国宝指定された際、誤記されて城泉寺と記されるようになった。相良氏や民衆の厚い保護と信仰を受け、堂舎と本尊・石塔群などの中世の景観が残る。県内最古の木造建築。 🐾くま川鉄道おかどめ幸福駅から徒歩約23分

人吉城跡 — ひとよしじょうあと

自然地形を生かした縄張りと石垣が特色

球磨郡の統一を果たした相良氏代々の居城跡で、日本百名城の一つ。相良氏入国の際、城の南端から三日月文様の石が発掘されたことから、「繊月城（せんげつじょう）」の別名を持つ。球磨川と胸川を堀代わりにした縄張りと、石垣の「はね出し（防火のために造られた武者返し）」が全国的にも珍しい。 🐾JR人吉駅から徒歩約20分

球磨神楽 — くまかぐら

雨乞い祈願など神社に奉納された祭り

人吉球磨地域の43の神社の祭礼などで奉納されてきた神楽だが、その起源は明らかになっていない。『南藤蔓綿録（なんとうまんめんろく）』に記された青井阿蘇神社に奉納された雨乞い祈願の舞が、現存最古の記録とされる。相良氏の厚い保護を受けた神楽は、民衆にとって娯楽であった。採物舞（とりものまい）を主とした独特な舞が特徴的である。

構成文化財 CULTURAL PROPERTIES

もっと行きたい！感じたい！

山田大王神社
やまだだいおうじんじゃ

相良氏が、滅ぼした平川氏（平川次郎藤高）の怨霊鎮魂のために建立した神社。本殿は天文15（1546）年、拝殿と神供所は宝暦11（1761）年、本殿覆屋は安永10（1781）年に建立された。そのうち本殿は、南九州一帯で数少ない中世時代の建築。

ウンスンカルタ
うんすんかるた

16世紀半ばにポルトガルから渡来した南蛮カルタを改良した日本独自のかるた。パオ（こん棒）、イス（剣）、コツ（聖杯）、オウル（貨幣）、グル（巴紋）の5種のカード計75枚を用いる。江戸中期の寛政の改革で幕府に禁止されるも、人吉藩領では遊戯法が継承された。

球磨焼酎
くましょうちゅう

人吉・球磨で戦国時代から愛飲されている米焼酎。領主相良氏が行う文化交流の中で持ち込まれた蒸留技術をきっかけに造られたと考えられる。江戸時代は藩の許可により醸造が認められ、人吉球磨地域において、現在まで受け継がれている。

庚申信仰と庚申塔
こうしんしんこうとこうしんとう

戦国期以降に流行した庚申信仰と、それにかかわる庚申塔。庚申信仰では、60年に一度の庚申の年に塔を建てる習わしがある。他地域に比べて庚申塔の数・形・種類が多いのが特徴で、天文3（1534）年建立の「迫（さこ）の庚申塔」をはじめ、600基以上が現存している。

相良三十三観音めぐり
さがらさんじゅうさんかんのんめぐり

人吉球磨の自然の中に点在する観音霊場で、一番札所から三十三番札所まで全三十五の観音像が祀られている。人吉藩家老であった井口氏が三十三観音を選定して以降、各札所は地域住民の精神的な拠り所として信仰を集め続けている。

球磨川 くまがわ

日本三大急流の一つ。相良氏は、標高1700メートルを超える山から流れ出す豊富な水量を生かすべく、交通および米や木材などの物資輸送におおいに利用した。明治時代の鉄道に運輸は取って代わられるも、水運の伝統は現在の「観光川下り」に継承されている。

神瀬住吉神社 こうのせすみよしじんじゃ

球磨川左岸に建つ神社で、航海の神として、球磨川を行き来する藩主や船頭たちの信仰を集めてきた。本殿は三間社造りの板葺きで、拝殿は桁行六間・梁間三間の入母屋造り、桟瓦葺き。県指定重要文化財に指定されている。

高寺院 たかてらいん

高野山真言宗の寺院。建久9（1198）年、相良氏が滅ぼした矢瀬氏が、平重盛（たいらのしげもり）の菩提を弔うために建立した。以前は、365段の石段を登った上に建つ毘沙門堂に、5体の毘沙門天立像が安置されていた。

人吉温泉 ひとよしおんせん

戦国時代にあたる明応元（1492）年に、12代当主相良為続（ためつぐ）が湯治したという記録が残る。球磨川沿いには泉源が50以上あり、温泉が点在している。そのため、市内には温泉旅館のほかに公衆温泉浴場が20軒以上建つ。

城山観音堂十一面観音菩薩像
しろやまかんのんどうのじゅういちめんかんのんぼさつぞう

戦国期に相良氏当主が造らせた仏像で村の有形文化財。城山観音堂は高寺院や山田大王神社などとともに下城子（しもじょうし）に建てられており、住民たちによって保護されてきた。現在像は歴史民俗資料館に安置されている。

老神神社 おいかみじんじゃ

霧島神社を勧請したと伝わるが、創立年代は不明とされる。本殿は藩主の産宮として造営されたため、漆塗りと彩色を施した豪華な造り。古来、周辺住民から「老神さん」と親しまれている。

大信寺 🏛 ────── だいしんじ

寛文3（1663）年創建の浄土宗寺院。22代相良頼喬（よりたか）の母・周光院の菩提寺。周光院は19歳で頼喬を懐妊するが、出産は難産で、帝王切開の末に出産するもまもなく亡くなったと伝わる。安産を願う民衆の信仰を集めた。

願成寺と相良家墓地 🏛 ────── がんじょうじとさがらぼち

願成寺は領主相良氏の菩提寺として格式高い寺院で、鎌倉時代の創建である。江戸時代は郡内の宗教世界を束ねる地位にあった。多くの文化財を有しているほか、境内の裏には代々当主の墓が集められている。

岩屋熊野座神社 🏛 ────── いわやくまのざじんじゃ

初代相良長頼（ながより）が勧請し、創設したと伝わる。中央殿、左殿、右殿、拝殿など境内の建造物は国指定重要文化財。相良氏によって度々の修造が行われるも、現在の社殿は享保12（1727）年当時の姿に復元されたものである。

東俣阿蘇神社 🏛 ────── ひがしまたあそじんじゃ

青井阿蘇神社の分社である。江戸時代中期、民衆との結びつきを重視する藩主が、名代の代参を続けたと伝わる。境内には樹齢600年のご神木の切り株や力石（ちからいし）などがある。

雨宮神社 🏛 ────── あまみやじんじゃ

雨乞いに霊験があるとして、信仰を集めてきた神社。当初は神殿などの建造物はなく、雨宮の丘の森全体がご神体となり、祈りの場となっていたといわれている。戦国期の雨乞いのエピソードが有名。

十島菅原神社 🏛 ────── としますがわらじんじゃ

菅原道真（すがわらのみちざね）を祭神とした神社で、地域最大の天神様として、広く信仰を集めた。池の上に建つ本殿は、20代当主相良長毎が建てたもので、16世紀の建築様式がよくあらわれている。

井沢熊野座神社 🏛 ────── いざわくまのざじんじゃ

人吉球磨に伝わる民謡「球磨の六調子」にうたわれる神社で、川辺川と球磨川の合流地点付近に建つ。相良氏以前の平河氏が建てたのち、16代相良義滋（よししげ）が再興した。民衆に親しまれてきた神社。

木本神宮 🏛 ────── このもとじんぐう

東に霊峰・市房山（いちふさやま）、南に球磨川を望む地に建つ神社で、13代当主相良長毎が市房山参詣の代わりにこの地に勧請したという。球磨郡の神社建築の特徴をよく残す。

分類	名称	説明
旧跡	須恵阿蘇釈迦堂（すえあそしゃかどう）	平安時代末期に在地豪族である須恵氏が創建した氏寺・平等寺をもととする。現在の釈迦堂は平等寺の建物を一部利用している。相良氏代々の保護を受け、本尊である釈迦三尊像も大切に守られている。
	山上八幡神社（やまのうえはちまんじんじゃ）	室町時代に滅ぼした上村氏の供養のため、安土桃山時代になって相良氏が建てた神社である。本殿は一間社流造り・茅葺き屋根。
	王宮神社（おうぐうじんじゃ）	多良木地域の鎮守として、相良氏の手厚い保護を受け民衆の信仰を集めてきた神社。応永23（1416）年に相良頼久が建立したと伝わる。茅葺き屋根の楼門は日本最古級の唐様楼門として貴重な建物である。
	太田家住宅（おおたけじゅうたく）	相良家の家臣である太田氏が、多良木村に移り住み、藩の許可を受けて農業と酒造業を営んでいた民家。19世紀中ごろに建造されたとみられる建物は、寄棟造り・茅葺き屋根。焼酎文化の盛行を示す住宅である。
	多良木相良氏関連史跡（たらぎさがらしかんれんしせき）	鎌倉時代に下向した相良氏が、在地で受け入れられるまでの苦心した時期の館跡をはじめとした史跡。館跡のほかに、民衆のために開削した灌漑用水などがある。
	久米治頼神社（くめはるよりじんじゃ）	当主に反乱を起こし追放された相良治頼（はるより）と、その母を供養するために戦国時代に建立されたと伝わる神社。うっそうとした木立のなかにひっそりと社殿が建っている。
	御大師堂（おだいしどう）	郡内で領主から民衆まで広まっていた大師信仰を受け、守られてきた大師堂で、座高88センチの檜材寄木造りの弘法大師像や毘沙門天立像などの多くの文化財がある。
	生善院観音堂（しょうぜんいんかんのんどう）	別名「猫寺」と呼ばれる寺で、狛犬のかわりに"狛猫"が山門の両脇に建ち、参拝者を迎える。「人吉藩化け猫騒動」にちなんで建てられた観音堂で、市房山神宮参詣時に藩主が立ち寄った。
	市房山神宮（いちふさやまじんぐう）	球磨郡内最高峰の霊峰・市房山を信仰の対象とした神社。郡鎮守であり、歴代の相良氏をはじめ、民衆も"オタケサン参り"と称し参詣したと伝わる。縁結びの神様として知られる。
	勝福寺関連文化財（しょうふくじかんれんぶんかざい）	勝福寺は相良氏入国以前の在地豪族の菩提寺として建立された寺院。相良氏による保護を受け、存続した。毘沙門天立像は県内最大のもの。
	百太郎溝と幸野溝（ひゃくたろうみぞとこうのみぞ）	人吉藩領内の米生産を支えてきた現役の灌漑用水。藩や地域住民が長い年月をかけて開削事業を行い、難工事の末に完成した。
文化	人吉球磨の民謡（ひとよしくまのみんよう）	人吉球磨地域の各地で生まれ、民衆に長く唄われてきた民謡。球磨の六調子は、地元の人々が集まると自然と唄われ始める。五木の子守唄は、五木村に唄い継がれたもの。
	焼酎墓（しょうちゅうばか）	別名「とっくり墓」とも呼ばれる。無類の焼酎好きの人が亡くなった後、「あの世でたっぷり」と気遣って建てた墓で、墓石の笠が盃の形をしていたりするほか、焼酎好きであったことを思わせる戒名などが刻まれる。焼酎文化を伝える墓。
	球磨拳（くまけん）	人吉球磨で昔から遊ばれてきた拳遊びの一つ。じゃんけんのルーツともいわれる。おもに宴会の余興に催され、勝負に負けた方が焼酎を飲む。焼酎飲みたさにわざと負ける者もいたと伝わる。
	臼太鼓踊り（うすだいこおどり）	相良氏が武道の奨励と士気の鼓舞を目的として始めたと伝わる踊り。民衆たちによって伝承され、現在も郡内各地で踊られている。臼型の大きな太鼓を打ちながら踊る。
美術	槻木大師堂の弘法大師像（つきぎだいしどうのこうぼうだいしぞう）	宮崎県との県境にあたる山中に置かれた御堂に安置された弘法大師像。室町時代前期に相良氏を願主として造られたもので、郡内における大師信仰の広まりを示す貴重な仏像である。

日本遺産 DATA

「相良700年が生んだ保守と進取の文化 ～日本でもっとも豊かな隠れ里－人吉球磨～」

◆ 分類　シリアル型

◆ 自治体
人吉市、錦町、あさぎり町、多良木町、湯前町、水上村、相良村、五木村、山江村、球磨村（熊本県）

◆ 問い合わせ先
人吉市教育委員会歴史遺産課保存活用係
℡ 0966-22-2324
📠 0966-22-2134
✉ rekishiisan@city.hitoyoshi.lg.jp
〒 868-8601 熊本県人吉市麓町16番地

● 写真提供・編集協力　　　　　　　　　　　（敬称略・順不同）

水戸市教育委員会事務局教育部歴史文化財課世界遺産推進室　群馬県企画部世界遺産課　高岡市教育委員会文化財課　石川県教育委員会事務局文化財課　福井県観光営業部文化振興課　岐阜市教育委員会社会教育課　明和町斎宮跡文化観光課文化財係　滋賀県商工観光労働部観光交流局しがの魅力企画室　京都府企画理事付　篠山市政策部創造都市課　明日香村教育委員会文化財課　高取町文化財課　三朝町教育委員会社会教育課　津和野町日本遺産センター　尾道市企画財務部文化振興課文化財係　愛媛県企画振興部地域振興局地域政策課　愛媛県教育委員会事務局管理部文化財保護課　太宰府市文化財課　長崎県文化観光国際部文化振興課文化施設振興班　人吉市教育委員会歴史遺産課保存活用係
以上の日本遺産関係機関からは、基本データおよび写真の提供をいただきました。

● 写真協力

足利市　備前市　日田市　群馬県立図書館　七尾市　輪島市　珠洲市　滋賀町　穴水町　能登町　福井県観光連盟　大津市　彦根市　近江八幡市　高島市　東近江市　米原市　宇治市　城陽市　八幡市　京田辺市　木津川市　宇治田原町　和束町　南山城村　橿原市　鳥取県広報連絡協議会　尾道観光協会　徳島県　高知県　香川県　壱岐市　長崎県立対馬歴史民俗資料館　対馬市　長崎県観光物産協会　対馬観光物産協会　五島市　新上五島町　長崎県観光連盟　錦町　あさぎり町　多良木町　湯前町　水上村　相良村　五木村　山江村　球磨村

デザイン　　　柿沼みさと
編集協力　　　株式会社ロム・インターナショナル

日本遺産　時をつなぐ歴史旅

2016年6月1日　初版第1刷発行

日本遺産プロジェクト編

発行者　　星沢卓也
発行所　　東京法令出版株式会社
　　　　　〒112-0002 東京都文京区小石川 5-17-3
　　　　　TEL　03-5803-3304
　　　　　FAX　03-5803-2560
印刷所　　株式会社加藤文明社

本書の全部又は一部の複写、複製及び磁気又は光記録媒体への入力等は、著作権法上での例外を除き禁じられています。これらの許諾については、当社までご照会ください。
乱丁・落丁はお取替えいたします。

ISBN978-4-8090-3178-6
TOKYOHOUREISYUPPAN Publishing co.Ltd
©NIHON ISAN PROJECT